कविता-संग्रह

अतिक्रमण

अतिक्रमण

कुमार अम्बुज

राधाकृष्ण प्रकाशन

ISBN : 978-81-7119-751-4

अतिक्रमण

पहला संस्करण : 2002
दूसरा संस्करण : 2019
तीसरा संस्करण 2025

मूल्य : ₹495

प्रकाशक
राधाकृष्ण प्रकाशन प्राइवेट लिमिटेड
जी-17, जगतपुरी, दिल्ली-110 051

शाखाएँ : अशोक राजपथ, साइंस कॉलेज के सामने, पटना-800 006
पहली मंजिल, दरबारी बिल्डिंग, महात्मा गांधी मार्ग, प्रयागराज-211 001
1, अनमोल सोराबजी सन्तुक लेन, धोबी तलाव, मरीन लाइंस, मुम्बई-400 002
वेबसाइट : www.radhakrishnaprakashan.com
ई-मेल : info@radhakrishnaprakashan.com

मुद्रक
विकास कम्प्यूटर एंड प्रिंटर्स
ट्रॉनिका सिटी-201 102

ATIKRAMAN
Poems by Kumar Ambuj

स्मृति शेष माँ के लिए

जिसके साथ जन्म से पहले ही रहना सीखा
और जिसके बिना रहना
शेष जीवन में सीखा नहीं जा सकता

1998 से 2001 की कविताएँ

क्रम

अतिक्रमण

कोई है माँजता हुआ मुझे

कोई है जो माँजता है दिन-रात मुझे
चमकाता हुआ रोम-रोम
रगड़ता
ईंट के टुकड़े जैसे विचार कई
इतिहास की राख से
माँजता है कोई

मैं जैसे एक पुराना ताँबे का पात्र
माँजता है जिसे कोई अम्लीय कठोर
और सुन्दर भी बहुत
एक स्वप्न कभी कोई स्मृति
एक तेज़ सीधी निगाह
एक वक्रता
एक हँसी माँजती है मुझे

कर्कश आवाज़ें
ज़मीन पर उलट-पलटकर रखे-पटके जाने की
और माँजते चले जाने की
अणु-अणु तक पहुँचती माँजने की यह धमक

दौड़ती है नसों में बिजलियाँ बन
चमकती है

धोता है कोई फिर
अपने समय के जल की धार से
एक शब्द माँजता है मुझे
एक पंक्ति माँजती रहती है
अपने खुरदरे तार से।

चुम्बक

वह छोटा सा लौह चुम्बक था
जिसने मेरे बचपन के कुछ दिनों को
भर दिया था असीम कौतूहल और खेल से
प्रेम और विरक्ति का पहला पाठ सिखाया
चुम्बक के आकर्षण-विकर्षण के खेल ने ही
फिर इस संज्ञान ने दिया विलक्षण अनुभव
कि सबसे पहले हमारे परम अणु को
स्पर्श करती है एक चुम्बकीय तरंग
कि हम एक चुम्बक पर पैदा होते हैं
और उसी चुम्बक पर रहते हुए बिताते हैं अपना पूरा जीवन
और यह कि चुम्बकों के दो ध्रुवों के संयोग से ही
सम्भव होता है हमारा जन्म!

हर जगह हर वक़्त चुम्बकों ने ही रखा मुझ मनुष्य को जीवित
सबसे विशाल और अपराजेय चुम्बक था उम्मीद का
जिसे हज़ारों बार पटका गया
हज़ारों बार जिस पर बरसाए गए घन
मगर नष्ट नहीं किया जा सका जिसका चुम्बकीय बल
उम्मीद, जो हर सुन्दर चीज़ को देखकर
होती रही अपने आप पैदा

किताबों से मालूम हुआ
कि हर चीज़ को नहीं बनाया जा सकता चुम्बक
जीवन से मालूम हुआ कि ऐसी कोई भी चीज़ नहीं
जिसे न बनाया जा सकता हो चुम्बक
और यह बात सबसे ज़्यादा समझ में आई एक काष्ठशिल्प को देखते हुए
जिसकी ताईद कलाकार, बच्चे, खिलाड़ी, स्त्रियाँ और मज़दूर
रोज़-रोज़ बार-बार करते रहे
कि सब कुछ अटका हुआ है चुम्बक के अदृश्य धागे से
चुम्बकीय क्षेत्र में ही घटित हो रहा है जीवन का रेशा-रेशा

अचानक कौंधता एक दृश्य जो रोक लेता है राहगीर को
नश्वर एक क्षण जो अकसर ही खींचता है
पूरी उम्र को अपनी ओर
एक विचार जो बदल देता है पूरा जीवन
आधा-सा विस्मृत कोई चेहरा
जो हर एक पदार्थ में से झाँकता-सा है
बार-बार एक ही पेड़ के नीचे जाकर बैठना
एक पुकार जो हृदय में उठाती है ज्वार
एक रंग जो उदास से चित्र को भर देता है उमंग से
एक कथा एक जीवनी
धुँधली-सी पंक्ति कोई
सुर की एक लहर जिस पर बैठकर
नाप लिये जाते हैं महासागर
और वह एक निर्निमेष दृष्टि
जो बंद होती है स्मृति की डिबिया में
वही, जो बनी रहती है कुतुबनुमा
इस भटकते हुए जीवन को बार-बार लौटा लाती है उसी ठौर पर
जहाँ से हर बार सम्भव होती है एक नयी यात्रा

रोज़मर्रा के चुम्बक अनगिन

जिनसे आवेशित हमारे रक्त के लौह कण
इंद्रियों में से बहतीं वासना की विद्युत चुम्बकीय तरंगें
जिनके गुज़रने के बाद बचते हुए हम अपनी पार्थिव देह में

फिर ज्ञानेन्द्रियों के चुम्बकों का वह विराट चुम्बक
जिसके चुम्बकीय क्षेत्र में विलीन होती हुई यह माया
यह सृष्टि
और यह अजर काया।

अपेक्षा

एक शब्द अपेक्षा करता है
कि उसकी तमाम निर्बलता और असहायता के बावजूद
उसे उसके आन्तरिक अर्थ में समझ लिया जाए
जैसे एक वाक्य अपेक्षा करता है अपने शब्दों से
कि वे उसके अपने हैं और उसे कभी शर्मिन्दा न होने देंगे
जब कोई किसी को पुकारता है
या नहीं पुकारता है
तो इसमें भी छिपी होती है कोई अपेक्षा ही

ख़ामोश अपेक्षाएँ
अकसर होती हैं ज़्यादा ताक़तवर

उदासी जब रेत की तरह उड़ कर
भर रही होती है आत्मा में
तब भी भीतर कहीं कुछ होता है
जो अपेक्षा करता है सूर्य से हवा से
रात के अँधेरे से
और अपनी ही किसी अनैच्छिक मांसपेशी से

मैं हर सुबह एक फूल से अपेक्षा करता हूँ
फूल ने अपेक्षा की है अपने भीतर बसे रंगों से
एक स्त्री दिनचर्या की मारकाट से निकलने के बाद
खिड़की से दिख रहे अनाम तारे से अपेक्षा करती है
और फिर अपने भीतर छिपे दुख से ही
उसे एक पेंटिंग की याद आती है जिसमें
एक सम्राज्ञी अपेक्षा करती हुई
तब्दील हो गई होती है एक वास्तविक स्त्री में

कभी-कभी एक सुख
दुख से भी करता है अपेक्षा
और ऐसा करते हुए वह दाँव पर लगा देता है अपना जीवन
यह एक रात आते हुए दिन से अपेक्षा करती हुई
धीरे से बीत जाती है

अपेक्षाओं से भी बनता है यह समाज
जिसमें जीवित रहा आता हूँ मैं अनादि काल से।

अव्यक्त

कुछ चीज़ें दफ़न ही रहती आएँगी
इतनी ही है भाषा की शक्ति
ओ मेरी प्रबल आकांक्षा!
अन्त में बचा ही रहेगा
अगले मनुष्य के लिए थोड़ा-सा रहस्य

कपास के फूल को देखने के अनुभव
और कह पाने के बीच का अन्तराल
चला जाएगा एक मनुष्य के साथ ही अव्यक्त
और यह कोई कृपणता नहीं होगी
यह व्यक्तिगत प्रकाश जिसे कोई न देख सकेगा
नसों और नाड़ियों के बीच बसा ईथर
इसे यदि ईश्वर कह दूँगा
तो ग़लत दिशा की तरफ़ चली जाएगी दुनिया
व्यक्त भले कुछ न हो
इशारा ठीक तरफ़ होना चाहिए सोचता हूँ
फिर अव्यक्त रह जाता है भीतर का उल्लास

नम चीज़ों पर गिरती हुई यह कार्तिक की धूप है
गिलहरी को देखकर बच्चे की यह हँसी

जो सर्प को देखते हुए भी हो सकती थी इतनी ही प्रफुल्ल
खाने की मेज़ पर बुलाया जा रहा है तुम्हें
तुम जो जाना चाहते हो मृत्यु के पास
इस व्याख्येय अतार्किकता के बीच भी
चला आता है कुछ अव्यक्त

गुब्बारों के रंगों को
उनके भीतर बसी हवा ही देती है सच्ची शक्ल
और उड़ाए चली जाती है जाने किधर
तुम कभी नहीं जान पाते हो
उस निगाह के भीतर क्या रह गया था शेष
जो आज भी अंधकार में चमकता है रेडियम की तरह

हृदय दोपहरी में देखता है चकित
सुबह विलीन हो चुकी होती है अन्तरिक्ष में
यह शाम का गुम्बद है
कई तरह की आवाज़ें आती हैं
आलस्य और विफलता में डूबी
सुख का यह भी एक चेहरा है
जो बच जाता है उजागर होने से

गुहा के भीतर गुहा है
और उसके भीतर जीवन की एक कोशा

ऐसा ही कुछ
कहना चाहता है कोई हज़ारों सालों से
जो हर बार चला आता है अनकहा
जिसके आसपास लगे हुए शब्दों के शर
जो बिंधा हुआ अपने सौन्दर्य में अव्यक्त।

मेरा प्रिय कवि

वह हिचकिचाते हुए मंच तक आया
उसके कोट और पैंट पर शहर की रगड़ के निशान थे
वह कुछ परेशान था लेकिन सुनाना चाहता था अपनी कविता
लगभग हकलाते हुए शुरू किया उसने कविता का पाठ
मगर मुझे उसकी हकलाहट में एक हिचकिचाहट सुनाई दी
एक ऐसी हिचकिचाहट
जो इस वक़्त में दुनिया से बात करते हुए
किसी भी संवेदनशील आदमी को हो सकती है
लेकिन उसने अपनी कविता में वह सब कहा
जो एक कवि को आख़िर कहना ही चाहिए
वह हिचकिचाहट धीरे-धीरे एक अफ़सोस में बदल गई
और फिर उसमें एक शोक भरने लगा
उसकी कविता में फिर बारिश होने लगी
उसके चश्मे पर भी कुछ बूँदें आईं
जिन्हें मेरे प्यारे कवि ने उँगलियों से साफ़ करने की कोशिश की
लेकिन तब तक और तेज़ हो गई बारिश
फिर कविता में अचानक रात हो गई
अब उस गहरी होती रात में हो रही थी बारिश
बारिश दिख नहीं रही थी और बारिश में सब कुछ भीग रहा था

कवि के आधे घुँघराले आधे सफ़ेद बालों पर फुहारें थीं
होंठों पर सिगरेट के धुएँ के साँवले निशानों को छूकर
कविता बह रही थी अपनी धुन में
एक मनुष्य होने के गौरव के बीच
संकोच झर रहा था उसमें से
वह एक आत्मदया थी वह एक झिझक थी
जो रोक रही थी उसकी कविता को शून्य में जाने से

कविता पढ़ते हुए वह बार-बार वज़न रखता था अपने बाएँ पैर पर
बीच-बीच में किसी मूर्ति-शिल्प की तरह थिर होता हुआ
(एक शिल्प जो काव्य-पाठ कर सकता था)
उसके माथे पर साढ़े तीन सलवटें आती थीं
और बनी रहती थीं देर तक
मैं अपने उस कवि से कुछ निशानी—
जैसे उसका कोट माँगना चाहता था
लेकिन मैंने अचानक देखा उसने मुझे एक गिलास दिया
और मेरे साथ बैठ गया कोने में
उसने कहा तुम्हें मैं राग देस सुनाता हूँ
फिर उसने शुरू किया गाना
वह एक कवि का गाना था
जिसे गा रही थी उसकी नाज़ुक और अतृप्त आत्मा
एक अतृप्त आत्मा जो बेचैन थी संसार भर के लिए
एक घूँट लेकर उसने कहा कि तुम देखना
मैं अगला आलाप लूँगा और सुबह हो जाएगी

अचानक मेरा कवि मेरे क़रीब और क़रीब आया
कहने लगा मैं बहुत कुछ न कर सका इस संसार को बदलने के लिए
मैं शायद ज़्यादा कुछ कर सकता था
मुझे छलती रहीं मेरी ही आराम-तलब इच्छाएँ

जिम्मेवारी की निजी हरकतों ने भी मुझे कुछ कम नहीं फँसाया
दाईं आँख का कीचड़ पोंछते हुए वह फिर कुछ गुनगुनाने लगा
कोई करुण संगीत बज रहा था उसमें
मैंने कभी न सुनी थी ऐसी मारक धुन
मेरे भीतर एक लहर उमड़ी और मैं रोने लगा

उधर मेरा प्रिय कवि
मंच से उतरकर
चला आ रहा था अपनी ही चाल से।

एक और शाम

रोशनियों की क़तारें अब मेरे भीतर हैं
कुछ उजाले बाहर छितरे हुए इधर-उधर
दिख रहे हैं बिखरे हुए फूलों की तरह
फीकी पड़ रही दिन की चादर में
एक नये रंग का पैटर्न

यह संधिकाल जहाँ एक उम्मीद मिल रही है
आर्द्रता में लिपटी हुई दूसरी उम्मीद से
एक ढलती हुई निराशा
एक युवा होती निराशा से
ऋतुओं की अन्तरिम सूचनाएँ बाहर आ रही हैं
अभी-अभी दर्ज हुई है एक नयी ऋतु
जिसे कोई कीड़ा अपने अपूर्व राग में गा रहा है

थकान के आगे अब
रात की लम्बाई का निश्चिन्त भविष्य है
रात एक विशाल ख़ाली पात्र की तरह आ रही है सामने
भरा जा सकेगा जिसमें आसन्न दिवसातीत
हँसी की वह लपट, लपलपाती इच्छा
और वह करुण ऊर्ध्व हूक जो उठती ही जाती थी

यह शाम घट रही है किसी भी समय के बाहर
बीत रहा है समय नश्वर
ठहरी हुई है अमर शाम की यह बेला
उदासी की बर्फ़ से टकराती हुई
परावर्तित होती उत्सुकता के जल से
चमकती हुई आकांक्षा की आँख में

अब इसमें संगीत की जगह निकल आई है
यहाँ बजाया जा सकता है संतूर
बल्कि बजने ही लगा है वायलिन
यह जलतरंग है जो शाम की नसों में व्याप्त हो रहा है
मुझे खेद है कि इस संगीत के साक्षी हैं
भागती हुई उमस, दिन-भर का धुआँ
और जल्दबाज़ी के बीच मचलती हुई एक टीस

और यह शाम है कि जिसे छुआ भी नहीं जा सकता
जिसकी तस्वीर खींचना नामुमकिन
इसमें रहते हुए सिर्फ़ इसे महसूस किया जा सकता है
यह शाम है एक शरण
एक उल्लास एक घर एक वास्तविक जगह
जिसकी तरफ़ लौटा जा सकता है
जैसे एक पक्षी घर की तरफ़ नहीं लौटता है
इसी शाम की तरफ़ लौटता है।

असम्बद्ध

पुख़्ता दीवारों में बैठक ले रहा है पानी
कई दिनों से नहीं दिखीं तितलियाँ
नए अँधेरों के बीच में से
उतनी चमक भी नहीं उठती
जितनी एक जुगनू की संक्षिप्त उड़ान से मुमकिन

आपाधापी में मिलता है कोई
और आधी रात को आता है याद कि वह तो
मेरे बचपन का एक पेड़ था
जिन जगहों से गुज़रता हूँ अजनबी-सा
वे मेरे गुज़रने से परिचित होती जाती हैं
इधर की क्रियाओं से उठती धूल के ग़ुबार में
मुझे दिखती है इस ज़माने की भीतरी तस्वीर

सूख गए समय के तालाब की काली पपड़ी में से
झाँकता है मेरे जैसा ही कोई चेहरा
फिर आगे चलते हुए मैं
बबूल के फूल की उपस्थिति का हिस्सा होता हूँ
हाथ हिलाता हुआ एक बच्चा

रेलगाड़ी की गति से डालता है मुझ पर भी निगाह
खिलखिलाती हुई वह स्त्री
अचानक तब्दील हो जाती है मध्ययुगीन मूर्ति में
पटरियों को पार करता हुआ अकेला बूढ़ा
मुझे सन्निकट भविष्य से ज़्यादा
एक निस्पृह दुनिया की याद दिलाता है

घरों में, रास्तों में सुनाई देती हैं
पुष्ट शरीरों की आध्यात्मिक आवाज़ें
अपनी सीत्कारों और कर्कशता में अद्वितीय
एक जर्जर पुरातन कथा के सामने काँपते हुए
पीले लोग भी झूमते हुए गाते जाते हैं हरे! हरे!

किसी ख़ूबसूरत दृश्य की कामना में
वहाँ धूप के चित्र की फ़ैंटेसी है
और यहाँ मकड़ी का जाला
अपनी वास्तविकता में चमकता है
जिसमें से प्रवेश करना होता है
वर्तमान में प्रवेश करने की तरह

दर्शकशाला से बाहर आकर
आज फिर शिकार हुआ विस्मृति का
लज्जित हुआ किसी दूसरे के घर की साँकल बजाता
फिर घबराहट में नमस्कार करता हुआ
ख़ुद की ही परछाईं से

इन सबके बीच में कभी-कभी आता है यह असम्बद्ध ख़याल
कि हमारे भीतर सबसे ज़्यादा उपेक्षित रहते हैं
वे दुख, अपमान और अपराध
जो धड़कते ही रहते हैं हृदय के साथ

और एक दिन जो दिखाई देते हैं
अकेलेपन के असहाय
निराश्रित चुपचाप ठिकानों में।

अतिक्रमण

अतिक्रमण के समाज में जीवित रहने के लिए
सबसे पहले दूसरे के हिस्से की जगह चाहिए
फिर दूसरे के हिस्से की स्वतंत्रता

अनन्त है अतिक्रमण के विचार की परिधि
इसलिए फिर दूसरे के हिस्से का जीवन भी चाहिए
वासनाएँ नये क्षेत्रों में करती हैं घुसपैठ
सिद्धांत और सुभाषित बदलने लगते हैं हथियारों में

समुद्र की तरफ़ अन्तरिक्ष की तरफ़
पाताल की तरफ़
दसों दिशाओं में लालसाएँ मारती हैं झपट्टा

फिर मारने की चीज़ के बारे में लम्बे प्रचार के बाद
तय कर दिया जाता है कि वह बचाने की चीज़ है
जैसे जिसके पास बंदूक़ है वही अमर है

फिर मनुष्य ही करते हैं मनुष्यों पर अतिक्रमण
घेरते हुए ख़ुद को वस्तुओं से

आसक्ति की चाशनी में वे पागते चले जाते हैं
एक ऐसा नया संसार
जिसमें मानवीय दिखता हुआ हर उपक्रम
किसी नयी वस्तु को ले सकने की सामर्थ्य बताता है

कितना दबाया हुआ है दूसरे के जीवन का रक़बा
और पृष्ठभूमि में से झाँकती हैं कितनी वस्तुएँ
इन बातों से ही फिर बनने लगती है
दुनिया में किसी की भी आदरणीय पहचान।

बहस की ढलान पर

सामने बैठे दोस्त के चेहरे में एक आईना था
जिसका पारा एक तरफ़ लुढ़क गया था थोड़ा-सा
या शायद वह बढ़ती हुई रात का दबदबा था
दाईं तरफ़ बैठा दोस्त निढाल आवाज़ में भी
कुछ कहने की कोशिश करता था
कि हम विश्वास करते हैं जीने की इच्छा रखनेवाले मनुष्यों में
और दया भी नहीं करना चाहते हैं राजनेताओं पर
जानते हैं कि ग़लत क़ानून ने हमें सबसे ज़्यादा परतंत्र बना रखा है
हमें समझना चाहिए कि आ सकने वाले सुन्दर जीवन के लिए
ठुकराना ही होता है वर्तमान के सुखों का थाल

तिर्यक कोण में बैठा दोस्त बुदबुदा रहा था :
मैं कुछ बातें तथ्यों की तरह रखना चाहता हूँ
मसलन, रात में चाँद हमारे साथ उतना ज़्यादा चलता है
जितने कि चाँद के साथ हम ख़ुद
हम जो थोड़ा प्रकाश अपने रहने की जगहों में करते हैं
उसका कुछ हिस्सा पहुँचता है बाहर भी
और यह कोई आस्था या श्रद्धा की बात नहीं है
जैसे कि यह मूर्खता यह व्याकुलता यह असफलता

या कुछ न कर पाने का यह संताप
ये भी कुछ तथ्य हैं ठोस
अपनी चमक और अंधेपन से भरे हुए
हमारी आत्मा पर जिनसे टकराने के निशान हैं
सुबह जो दिखते ही हैं शरीरों पर

एक कहता था कि दिक़्क़त यह भी है कि मिस्त्री, टाइपिस्ट
पत्रकार, मज़दूर, गृहणियाँ
अफ़सर, शरणार्थी और बचे हुए अनेक
जिन्हें भी मिल गया है मताधिकार और दो जून का भोजन
वे सभी हो चुके हैं सहनशील और उदासीन
बाहर सड़कें आपाधापी और शोर से मुक्त हो गई हैं
चीज़ों की आवाज़ अपनी वास्तविकता में सुनाई देने लगी है
और उनका अकेलापन अब नहीं छिपा पा रहा है कोई दूसरा
रोमांचित कर देने वाली ताक़त सतह पर है
जो हमें इस रात में सिर्फ़ पाँच की संख्या में छोड़ गए
वे भी शामिल हैं हमारी इस बहस में
कल उनसे फिर मिलने की आशा की जानी चाहिए

बाईं तरफ़ बैठे दोस्त ने जिधर कम उजाला है
उधर खिड़की के बाहर देखना शुरू कर दिया है एकटक
ज़ाहिर है कि उसका लगभग अँधेरे की तरफ़ देखना भी
हिस्सा है इसी बहस का ही।

एक कम है

अब एक कम है तो एक की आवाज़ कम है
एक का अस्तित्व एक का प्रकाश
एक का विरोध एक का साहस
एक का उठा हुआ हाथ कम है
उसके मौसमों के वसंत कम हैं

एक रंग के कम होने से
अधूरी रह जाती है एक तस्वीर
एक तारा टूटने से भी वीरान होता है आकाश
एक फूल के कम होने से
फैलता है उजाड़ सपनों के बाग़ीचे में

एक के कम होने से
कई चीज़ों पर फ़र्क़ पड़ता है एक साथ
उसके होने से हो सकने वाली हज़ार बातें
यकायक हो जाती हैं कम
और जो चीज़ें पहले से ही कम हों
हादसा है उनमें से एक का भी कम हो जाना

मैं इस एक के लिए
इस एक के विश्वास से
लड़ता हूँ हज़ारों से
ख़ुश रह सकता हूँ कठिन दुखों के बीच भी

मैं इस एक की परवाह करता हूँ।

कला का कोना

एक छत के नीचे खड़ा हुआ
बारिश में भीगता हूँ मैं
सड़क, पेड़ कुत्ता, एक गेंद
एक ख़ाली रिक्शा
बकरियों का झुंड और जाती हुई स्त्री
भीगते हैं मेरे साथ

इनको भीगते हुए देखता हूँ इस तरह
जैसे मैं सुरक्षित खड़ा हूँ
और सृष्टि के इस चित्र में ये सब
मेरे होते हुए भी भीग रहे हैं

मेरी हज़ारों ग़लतियाँ हैं—हज़ारों चूकें
जिनके लिए मैं किसी से क्षमा नहीं माँग सकता
जिनके लिए कोई मुझे नहीं कर सकता माफ़
हर एक का पाप मेरा पीछा करता है
की गई भलाई किसी अधूरी तस्वीर की तरह
असन्तोष से भरी हुई दिखती है

एक दिन तानाशाह का भी संग्रहालय बनता है
मनुष्यता को जातियाँ कर देती हैं प्रतिस्थापित
कबाड़ के सामान पर भी दिखती है
क़ीमत की चमचमाती पर्ची

फिर दिखता है जीवन का यह कोना भी
जहाँ जमी हुई है सब तरफ़ धूल
इधर-उधर बिखरी हुई हैं चीज़ें
जिन्हें कुछ लोग उठाकर साफ़ करते हैं
और रखते चले जाते हैं सही जगहों पर।

रेखागणित

अन्तरिक्ष के असीम में
क्षितिज के विस्तृत चाप पर
वह शुरू होता है हमारी निगाह के कोण से
और टिका रहता है अरबों बार छीली जा चुकी
पेंसिल की नोक पर

जटिल विचारों की रेखाएँ काटतीं एक दूसरे को जीवन में
और कितना दुश्वार इस सीधे-सादे सच पर
यकायक विश्वास कर पाना
कि एक सरल रेखा में छिपा हुआ है एक सौ अस्सी डिग्री का कोण
और यह कि वृत्त की असमाप्त गति में शामिल जीवन का पूरा चक्र
अलग-अलग दिशाओं में जाने वाली रेखाओं में प्रकट
असमान ज़िंदगियों के बीच की हर क्षण बढ़ती दूरी
और वहीं कहीं छिपे वर्ग-संघर्ष के बीज
समाज के स्वप्न में चीखता है स्वप्नद्रष्टा
बनाओ समबाहु समकोणीय चतुर्भुज—
शोषणमुक्त एक वर्ग!

याद करो सुदूर रह गए बचपन में

सुथरा षट्कोण बनाने का वह प्रयास अथक
वह शंकु जिसे काटने पर मिलती आकृतियाँ नाना
पाइथागोरस की हर जगह उपयोगी वह थ्योरम
बस्ते में अभी तक बजता हुआ कम्पास बॉक्स
और संबंधों का वह त्रिकोण

यह रेखागणित जिसमें सबसे आसान है बनाना डिग्री का निशान
और बहुत मुश्किल बना पाना
एक झटके में चन्द्रमा की कोई भी निर्दोष कला

हर बार एक छोटी-सी अधूरी रही इच्छा
एक ऐसी सिद्धि
जिसे हमेशा ही सिद्ध किया जाना शेष
न्याय-अन्याय की रेखाएँ चली जाती हैं समानांतर
कभी न मिलने के लिए अटल
व्यास, परिधि, त्रिज्या और पाई
इन औज़ारों से भी मुमकिन नहीं नाप सकना
जीवन के न्यून कोण और अधिक कोण के बीच की दुर्गम खाई
एक बिंदु में छिपे अणु हज़ार
और दबी-कुचली, टूटी-फूटी रेखाओं की पुकारों
आहों से भरा यह नया ग्लोबल संसार
वक्र रेखा की तरह अनिश्चित गति से भरा
जिसके आगे रेखागणित भी अचंभित खड़ा

हिरणी, सप्तऋषि, अलक्षित तारे
नदी तट पर चन्द्रमा बाँका
रति की प्रणति आकृतियाँ मिथुन और वह बाहुपाश
यह लिपि प्राचीन, उड़ती चिड़िया, हज़ारों विचार
उत्तरायण—दक्षिणायन होते सूर्य महाराज
पिरामिड, झूलती मीनार

रोटी, काग़ज़, छाता, बर्तन
हिलता हुआ हाथ और वह चितवन
पहाड़ का नमस्कार, खजूर का कमर झुका कर हिलना
दिशाएँ तमाम जिनके असंख्य कोण पसरे ब्रह्मांड में
और यह अनन्त में घूमती ज़रा-सी तिरछी पृथ्वी

मैं यूक्लिड कहता हूँ देखो—
जिधर डालो निगाह
उधर ही तैर रही है एक रेखागणितीय आकृति
और वहीं कहीं छिपा हो सकता है
ज़िन्दगी को आसान कर सकने वाला प्रमेय।

(यूक्लिड : रेखागणित के पितामह)

माध्यम

सामने एक स्त्री दे रही है गमलों में पानी
उसके छज्जे के पार का दृश्य मुझे नहीं दिख पा रहा है
एक उज्जवल तारा देख रहा हूँ मैं
उसके पार नहीं जा पाती है मेरी निगाह
बिल्कुल पास से ही कहीं
चिर-परिचित सा दुख चला आता है हवा में घुलता
अपने मद्धिम स्वर में तेज़ी से विकल होता हुआ
उसके पार नहीं दिख पा रहा है कुछ

यह वनस्पति
और वह एक छोटी-सी पहाड़ी
अपनी मध्यम ऊँचाई से थाम लेती है निगाह की दौड़

जो नहीं दिख पा रहा है उस पूरे संसार को
देख सकता हूँ मैं अपने आसपास के
इन दृश्यों के देखे गए के अनुभव से
और उस कल्पना से
जो समाज में रहते चले आने से ही
हो पाती है मुमकिन।

भाषा से परे

सरसराहट की भी जो एक भाषा है
जैसे चहचहाहट की और चुप्पी की
धूप की उदासी की
और चन्द्रमा के दिखने की एक भाषा है
जैसे अन्याय के दृश्य की
और निद्रा हर लेने वाले स्वर की
जैसे बढ़ई के रन्दे की
और नाविक के चप्पू की जो भाषा है
ऐसी अनन्त भाषाओं के बीच
जो जानी-पहचानी भाषाएँ हैं चलन में
उनमें से एक भाषा की सामर्थ्य के
कोलाहल और एकांत में रहता है कवि

मनुष्य द्वारा बना ली गई भाषाओं के बाहर
जो भाषाएँ हैं असंख्य और अकूत
उन सबको अपनी भाषा में जगह देता हुआ
उनकी ध्वनियों को और ख़ामोशियों को
ठोंक-पीट कर काम लायक बनाता
समाज के हाशिए पर बैठा जैसे ठीक बीच में

एक दिन जो उसकी बेचैनी है उससे कहती है
भुगतो उसकी यातना भी
जो दी जा रही है निरपराध को
चीख़ के बाद के एक स्त्री के मौन में जाकर रहो
नींद में रह रही उसकी सिसकी में ठहरो
और उस नीली लौ में जो बुझने से पहले
निर्बल दीपशिखा के पैराबोला में चमकती थी तेज़
और उस कराह में जो ग़रीबी से पैदा होती है
लिखो हमारे प्रेम को असमर्थ भाषा के
किसी समर्थ दिखते कमज़ोर से शब्द में
एक कोशिश के गर्भ में रहो और देखो कि वह
निष्फल न हो इस बार
नश्वर में रहते हुए अनश्वर की तरह जो जीवन है
प्रकाश के वृत्त के बाहर जो निर्वचन अंधकार है
खींचकर लाओ उसे भी भाषा की परिधि में

भाषा की लाठी के सहारे ही चढ़ना होगा
भाषा से परे का यह दुर्गम
आकर्षक पहाड़।

अँधेरे के एकांत में

बाहर अँधेरा घिर रहा है
घिरते अँधेरे में कोई किसी का पता पूछ रहा है
अनेक आवाज़ें हैं पता पूछती आवाज़ के आसपास
सबसे ज़्यादा दबंग आवाज़ एक मोटर साइकिल की
जिसके नेपथ्य में दो स्त्रियों की आवाज़ें हैं
नहीं ये तीन स्त्रियाँ हैं
थोड़ी देर बाद अन्दाज़ा लग ही जाता है कि ये
पन्द्रह-बीस या शायद इससे भी ज़्यादा स्त्रियाँ हैं
इतनी एक-सी हैं जिनकी रोज़मर्रा की मुश्किलें
कि लगता है ये सिर्फ़ दो या तीन स्त्रियाँ हैं
अँधेरा अब रोशनी की माँग कर रहा है
बाहर की आवाज़ें भीतर की आवाज़ों से मिल रही हैं
अँधेरा गहरा रहा है जिसमें एक थका हुआ आदमी
पूछ रहा है किसी का पता

दीवार पर शायद छिपकली है जैसे किसी मचान पर
मनुष्य बीत रहा है बीत रहा है साकार समाज
यंत्र सिर्फ़ समय बीतने की सूचना दे रहे हैं
रात हो गई है लेकिन बाक़ी है जीवित रहने की दिनचर्या

इस दिनचर्या में से कठिन है चुन पाना
शोक, हँसी, गुर्राहट या घात में रहने की आवाज़
निढाल होने और सिसकी की आवाज़ एक साथ गिरती है
विस्मय और उम्मीद की आवाज़ के ऊपर
जिसके आने तक घिरने ही लगता है अँधेरा
और तब तक दृश्य में आ जाता है एक राहगीर
घबराहट से भरा हुआ किसी का पता पूछता है

यह एक लैंडस्केप
जिसकी इस कमरे के आयतन में आवाज़ है
और यह एक कमज़ोर इच्छा जिसकी चहलक़दमी की आवाज़
एक तानाशाह इच्छा की आवाज़ से टकराती जाती है
शीतलहर की आवाज़ बाहर खड़ंजे पर चलते हुए आदमी
के चलने की आवाज़ में सुनाई देती है
और अँधेरे में मुमकिन हो सकने वाली एक चीख़
वह पत्ता जो टूटा था चरमराहट में शामिल होने के लिए
और वह एक शब्द जो कल या परसों
या न जाने कब पढ़ा था और विस्मृत हुआ
इस अँधेरे में उसकी भी आवाज़ है एक
इन सब आवाज़ों से
अँधेरे के एकांत में भी चलता है जीवन
उसी अँधेरे में व्याकुल होकर कोई किसी का पता पूछता है

और आख़िर कोई एक जन उसे पता बताता है।

अनुभव

बारिश मेरे चेहरे पर गिरती है
बारिश गिरती है मेरे अगोचर में
बारिश छूती है मेरी इंद्रियों को
बारिश छूती है मेरी अतींद्रियों को
धरती में जितने लवण और खनिज हैं
और धातुएँ और अयस्क जितने
वे जो मेरे रक्त की बूँद में आकर सांद्र हैं
उन रक्त-समुद्रों में होती है बारिश
जो मेरी आकांक्षाओं के क्षेत्रफल में गरजते हैं
और मेरे पाताल में भी
जहाँ धँसी हुई हैं असंख्य जड़ें
बाहर फैली हैं पत्तियाँ अपनी मौलिक हरीतिमा में
सुपोषित मेरी आत्मा के सूर्य से प्रकाशित
जिनकी देह से टपकती है बारिश बारिश के बाद भी
होती है बारिश मेरे इस वर्तमान में
जैसे होती है मेरी स्मृतियों में
गर्भाधान होने के आदिम क्षण से शुरू होती हुई
बचपन और शेष आयु के आगे दौड़ती
अपनी फुहारों के धुएँ में कभी ग़ायब-सी होती

फिर प्रकट होती हुई अपनी कुलाँचों में
मेरे जीवन के आगे-आगे जाती
अपने स्पर्श से कठोर चीज़ों को भी बनाती मुलायम
प्रफुल्ल हरा करती हुई दुनिया को
लहराती सूखे कठिन रास्तों में
मेरी दृढ़ताओं के पहाड़ों से
मेरी कल्पनाओं से टकराकर
होती है बारिश भीतर के मैदानों में भी
नसों-शिराओं के अक्षांशों-देशान्तरों में झूमती
मेरी अपनी ही बारिश की तरह।

परिचय बार-बार

यह गुलमोहर एक बार फिर श्रीहीन
लेकिन ठीक वैसा नहीं जैसा था पिछले बरस
या था उसके भी पिछले बरस
मेरे होश-हवास की यह 12563वीं रात है
जो पहले थीं उनसे कितनी अलग
यह अधिक उदग्र है अधिक मारक
देर रात तक जाएगा इसका ताप

यह वही पुराना रास्ता
लेकिन इस पर अलग तरह की धूल
फेफड़ों में इसकी नयी गंध नया स्वाद
यह एक पंक्ति खुलती हुई नये अर्थ में
जीवन को आगे धकेलती यह नयी उदासी
थकान है गिरती हुई नयी भंगिमा के साथ
वही भूख वही प्यास लेकिन इस बार नयी
यह पुष्पदल खिलता हुआ पहली बार
जिसके पूर्वजों को खिलते देखा पहले कई बार
पूरे परिप्रेक्ष्य को बदलकर नया करता
पीले रंग के नये शेड का नया आसमान

और यह नयी होती हुई पुरानी स्मृति
जिसमें रहना होगा कुछ देर अभी

यह चिर-परिचित नया-सा दुख
इस बार थोड़ा उमेठा हुआ थोड़ा सख़्त
वे ही शब्द लेकिन हर बार नयी कला, नया संवाद
और इसके बरअक्स वही पुरानी हताशा
सवारी गाँठने की कोशिश में इस साहस पर
जिसका हुआ पुनर्जन्म अभी
छाती में भरा हुआ जिसका नवीन उल्लास है
देता हुआ बार-बार अपना नया परिचय।

जब तक हूँ

मैं यहाँ इस विस्तार में
सूर्य की छाँह में खड़ा हूँ
चाँदनी के कैनवस पर तीन वृक्षों के साथ
धूसर रंग में चित्रित हुआ पड़ा हूँ

यह हरित मुलायम उन्नत घास
इस पर बह रहा हूँ मैं हवा के साथ
नदी के साँवलेपन की नील भंगिमा में
चमकता हुआ तारक का टुकड़ा हूँ

पेड़ों की बिखरी क़तारों के बीच
अपनी शाखाएँ-प्रशाखाएँ लताओं में, झाड़ियों में उलझाता
यहाँ इस दुर्गम पहाड़ी पर
अपने ही प्राकृतिक साम्राज्य में
सौन्दर्य सरोवर के आगे नतमस्तक खड़ा हूँ

विपुल कोलाहल और आपाधापी के बीच
देखता हूँ ईर्ष्या, बौखलाहट, हड़बड़ी और जुगुप्सा
जिनके बीच धँसा हूँ स्पंदित

अग्नि के साथ हूँ
हूँ पहाड़ के साथ
सघन धूल का पत्थर हूँ
संसार के मुकुट में जड़ा हूँ

स्वतंत्र, निर्विघ्न, निर्भय
नक़्शों और सीमाओं का अतिक्रमण हूँ
जहाँ हूँ, जब तक हूँ
अपनी प्रकृति के साथ हूँ
मित्रता हूँ, झगड़ा हूँ।

कवि व्याप्ति

मैं उड़ता हूँ आकाश में
रंग में धूल में कपास में
मैं कहता हूँ सहता हूँ
लेकिन इस दुनिया में रहता हूँ

मैं तृप्त हूँ भुक्खड़ हूँ
गूँगा हूँ निर्बंध हूँ फक्कड़ हूँ
मैं ही भाषा में
लफ़्फ़ाज़ तुक्कड़ हूँ

दयावान हूँ विकराल हूँ
मैं ही अशक्त हूँ
निढाल हूँ

सारा संसार हूँ
व्यापार हूँ दर्शन हूँ
विचार हूँ

हूँ, हूँ,
हूँ हूँ भी हूँ और हुआँ-हुआँ भी
ठोस हूँ, तरल हूँ और धुआँ-धुआँ भी!

मोह

जैसे यह जलाशय सुनील
प्रतिबिंबित जिसमें जड़-चेतन अनेक
जिसकी गहराई में शामिल आकाश की ऊँचाई भी
यह एक छोटा-सा विवरण है मेरे मोह का

यह प्रगल्भ प्रत्यंचा तनी हुई
करती मेरे अरण्य में मेरा ही आखेट
वरण करती हुई मेरी वासना का

धूल पर ध्वनि यह
लार सनी किलकारी की

बाँस के झुरमुट को देखने से
हर बार होती यह अभूतपूर्व सनसनी
उठती हुई यह हूक
यह हाहाकार यह पुकार
यही मेरा मोह है दुर्निवार

यह हर पल
कल की आशा मुग्धकारी
डोर यही इस जीवन की

रहस्य का मोह ज्ञात का सम्मोह
जान लेने के बाद का मोह तो
और भी गहन और भी उत्कट
यह मोह और संसार में मेरा होना
संबंध है नाभि-नाल का
जर्जर पुरातन शक्तिमान सनातन

मनुष्य होने की पहली दशा ही है
मोहित हो जाना।

काम

उनचासों पवन से उत्प्रेरित अग्नि
ठीक वहीं गिरता है जलप्रपात

वह व्यापता हुआ
ग्रसता हुआ मुझे खग्रास

कहता हुआ—
मेरे बिना यह लौकिक देह
और यह अलौकिक आत्मा
भला किस काम की!

संगीत है

यह संगीत है जो अविराम है
यह भीड़ में है
जो अकेलेपन के कक्ष में
गूँजता है अलग बंदिश में

शब्द में
नि:शब्द में हवा में
निर्वात में
संगीत है

यह जिजीविषा जो कभी सितार है
कभी बाँसुरी
कभी अनसुना वाद्ययंत्र
और यह दुख के साथ-साथ
जो कातरता बज रही है शहनाई में
और यह दर्प
जो भर गया है नगाड़े में

यह संगीत है
जो छिप नहीं सकता
यह है भीतर से बाहर आता हुआ
यह है बाहर से
भरता हुआ भीतर

यह संगीत है
कभी टिमटिमाता हुआ एक तार पर
कभी गुँजाता हुआ पूरी क़ायनात का सभागार।

चित्र विचित्र

चटकदार भी हो सकता है विदा का रंग
मिलन हो सकता है
श्यामल पृष्ठभूमि पर तूलिका के निशानों से आहत
उम्मीद की आश्वस्ति में एक रंग
जो आ गया है यहाँ तक बहकर
अब कलाकृति है

सब तरफ़ रंग हैं अपनी अनन्तता में जगमग
और अपनी ही उदासी में सिकुड़े
ये मृत्यु के रंग हैं और लगभग ये ही जीवन के
रंगों की दुनिया है ही अजब
जिसकी यह एक श्वेत-श्याम तस्वीर लगी हुई अलबम में
जिसमें जंगल हैं गलियाँ हैं आयु है
घर हैं और उनमें रहते चले जाने के रंग-बिरंगे दिन
वहीं हैं असमाप्त इच्छाएँ सजी-धजी
पूरी हो जाने की चाह में हर वक़्त मुदित

रंगों की दीप्ति से भरे ज़िद्दी चित्रकार
घूमते हैं बस्ती की गलियों में चौराहों पर

उठाते हैं इसी संसार में से फिर कुछ नये रंग
और बिताते हैं अपना यह जीवन
जिसे हर बार शुरू करना होता है किसी ख़ाली जगह से

जैसा कि चित्रों और रंगों के साथ होता ही है
उनमें कुछ चीज़ें हम देख पाते हैं
और कुछ बातें नहीं देख पाते हैं
कोने वाले चित्र में जो तुम देख रहे हो एक पक्षी है
और जो देखते हुए भी नहीं देख पा रहे हो
वह है पक्षी के पंख की लालसा
और जो यहाँ एक रंग के भीतर है
चुपचाप और अपलक
वह अपनी सघनता में मनुष्यता की पुकार है

यहाँ इस जगह नहीं फैल पाया है कोई रंग
और जीवन यहाँ दिख रहा है
कैनवस के अपने मौलिक खुरदरे रंग में
इसी जीवन की एक तस्वीर में देखिए
एक ने अपना सब कुछ सौंप दिया है
हलके नीले रंग को

यह सम्पन्न रंग खिलता हुआ
भूख से निकला है
और इस अजीब से रंग संयोजन ने अभी-अभी
दुनिया को सूचना दी है एक नयी सुन्दरता की।

एक बार फिर

बचपन के मैदानों में
विस्मृत प्रिय कोनों में
उन नैसर्गिक जगहों में
जहाँ जाना नहीं हुआ कई दिनों से
एक दिन जाते हैं तो दिखती है वहाँ एक दुकान
और बनती हुईं कई दुकानें
जहाँ से माचिस ख़रीदने के लिए भी
जाना पड़ जाता था दो मील
देखते हैं वहाँ अचानक ही बन गया है बाज़ार

हर क़दम पर देखते हुए बाज़ार
गुज़रते हुए हर क्षण एक न एक बाज़ार से
हम भूलते हैं अकसर
कि कब बाज़ार में हैं और कब बाज़ार में नहीं
जहाँ ज़रा भी आबादी वहीं दिख जाता बाज़ार
देखते हैं फिर कि जहाँ दो जन हुए इकट्ठे
वहीं हो जाता बाज़ार
अब बाज़ार का बनना इस दुनिया की दिनचर्या में
हर पल होने वाली एक मामूली सी घटना

जहाँ फफूँद भी नहीं उग सकती
जहाँ वाइरस के लिए भी सेंध लगाना नामुमकिन
देखते हैं एक दिन वहाँ खड़ी हो जाती है दुकान
आँखों में, हृदय में, आत्मा के निष्कलुष बरामदे में
एक दिन दिखता है दुकान का साइनबोर्ड
आत्मीयता एक मद की तरह चमकती है सूची में

अकसर ही कोई परिचित सुनाता है क़िस्सा
किस तरह उसके बचपन का एक दोस्त
उसके साथ रहा चार दिन तक
और वह यही समझता रहा कि वह अपने पुराने दोस्त के साथ है
हँसते हुए वह कहता है आगे
मैंने उसे भनक भी नहीं लगने दी
कि वह किसी दुकानदार के साथ रहा चार दिन
और ग्राहक को भी तो यही लगना चाहिए
कि आप उसके परिचित हैं दोस्त हैं
और सबसे अधिक विश्वसनीय
अब आप किसी समय ग्राहक हैं
और किसी समय दुकानदार
यह तो होना ही है दिन में हज़ारों बार

कोई आपको प्रेम करेगा
कोई सुनाएगा बाँसुरी
कोई आपको एक घर का रास्ता बताएगा
कोई आपके दुखते कंधे पर रख देगा हाथ
कोई बताएगा मुक्ति का मार्ग
कोई करेगा आपको युद्ध के लिए तैयार
और फिर कह देगा एक दिन कि यही तो है मेरा व्यापार
कहीं कुछ नहीं टूटेगा, कुछ नहीं तड़केगा
नियम विरुद्ध नहीं होगा कुछ भी

दुकानदारी का यही चलन है
यही रीति

रोशनी से अभिभूत हमें मालूम होगा अचानक
कि यह सिर्फ़ चमकती हुई दुकानों की आभा है
जिसके बाहर बचा है गहरी हो चुकी रात का अँधेरा
और वे तमाम लोग
जो बार-बार भूलते हैं उन्हें भी होना है दुकानदार
उस अँधेरे में एक बार फिर
खड़े रह जाते हैं ठगे हुए से।

मानकीकरण

कुछ ही दिन पहले तक
आँखें बंद करने पर भी
शोर या चुप्पी की प्रकृति से बताया जा सकता था
कि मैं अपने शहर में किस जगह पर हूँ
अब तो शहर की हर गली में
सब तरफ़ से एक जैसी ही आवाज़ें आती हैं
एक जैसी परछाइयाँ दिखती हैं जिनके क़द गड्ड-मड्ड
लेकिन बदहवासी में एकरूप
एक-से गाने उत्तेजना के एकल संस्करण से उपजे
या एक ही तरह की दूसरी आवाज़ें
जिनसे बहुत मुश्किल है तय कर पाना
कि इस वक़्त कहाँ हूँ मैं

पेड़ों पर, जानवरों पर, इमारतों पर
मनुष्यों और विचारों पर फैलता हुआ
यह कोई धुआँ है जो सब कुछ को
अजीब तरह से एक जैसा कर रहा है
गलियों के हर चौराहे पर एक सरीखी रोशनियाँ हैं
एक जैसी निराशा

यह चमचमाती दुकान जिसके भीतर खड़ा हूँ हतप्रभ
और ये वस्तुएँ जिनकी अभूतपूर्व चकाचौंध से लथपथ
यह नया बनता हुआ पैट्रोल पंप भी
मेरी सहायता करने में असमर्थ
यह सड़क जिसके किसी भी तरफ़ से
चन्द्रमा या तारे देखना मुश्किल
लोगों को अपने दुख की बागड़ लाँघने की कोशिश में
उलझकर एक जैसा गिरते देखते हुए
या यह जलसा और यह भीड़
हत्याकांड की यह तस्वीर
और ये चार उदास आदमी एक सरीखे
अब मदद करने में असफल कि आख़िर मैं
अपने संसार के किस अक्षांश पर खड़ा हूँ?

इस नव्यतम सदी में अब मुझे भी
वही भाषा और वे ही शब्द बोलने हैं
जो अपने एकार्थी रूप में समझे जा सकें
संसार की उच्च सभ्यताओं में एक ही तरह से
मेरे रुदन और मेरी प्रसन्नता के अतिरेक में
आत्मा से निकलने वाले मेरे अपने मातृशब्द
धीरे-धीरे दुनिया के तमाम शब्दकोशों से निष्कासित हैं
वे अब एक ऐसी भाषा के खँडहर
जिन्हें सिर्फ़ पूर्वज पहचान सकते हैं
या वे इक्के-दुक्के साथी
जो ख़ुद अकबकाहट से भरे हुए हैं

एक सरीखा धोखा है, एक जैसा अश्वमेध
एक-सा आनंद, एक-सी सुरंग़
विज्ञापन एक ही लालच से लसलस
कैमरे के पीछे एक जैसी आँख

आत्मसमर्पण का एक जैसा समारोह है
जलती बस्तियों के बीच
आग पर नचाती हुई एक-सी सम्मोहक धुन

टेलीविज़न, सिनेमा और अख़बार भी
रोज़ एक-सी ही दुश्वारी में डालते हैं
टूथपेस्टों, ब्लेडों, साबुनों और जूतों ने भी
मुसीबत में इज़ाफ़ा ही किया है
तब मुश्किल होती है अपनी जगह को पहचानने में
जब एक दिन की मज़दूरी में ढाई डॉलर दिए जाते हैं
तब तो और भी ज़्यादा
जब अगले दिन मिलते हैं एक हज़ार येन
एक जैसी पूँजी है, एक जैसी दास प्रथा

एक सरीखा आदेश आता है लोकतंत्र और तानाशाही में
जिसे अमल में लाने के लिए सक्रिय होता है
प्रशासन हू-ब-हू एक जैसा
एक जैसी यातना के दौर से गुज़रता है आदमी
सीलन, बदबू, कामना और आशा के गलियारे में
घिसटते हुए मुश्किल है पहचान पाना
कि वह किस विकसित
या अविकसित सभ्यता में मारा जा रहा है
या रखा जा रहा है जीवित
ऐसे ही किसी अगले गलियारे में मार देने के लिए
एक-सी निर्जनता है, एक जैसी लाचारी
एक-सा सर्कस, एक जैसी छलाँग!

चारों तरफ़ हैं एक-सी तस्वीरें
एक-सी दिशाएँ
ऊब और आशंकाओं की आहट से भरी हुईं

एक-सी सूचनाओं और एक-से ज्ञान के बीच
यूकेलिप्टस के पेड़ हिलते हैं
जिनके पत्ते वसंत में भी गिर सकते हैं
और हेमंत में भी

समतल होता जा रहा है धीरे-धीरे
जीवन का ऊबड़-खाबड़
जिसमें रह रहा हूँ मैं भी चुपचाप
अरबों मनुष्यों की तरह
एक जैसा अचंभित एक जैसा निष्क्रिय
और एक जैसा ही अपराधी।

मैं ऐसे आततायी को जानता हूँ

मैं जानता हूँ एक ऐसे आततायी को
जो ग़रीबों में कंबल बाँटता है
जिसकी कमीज़ पर फूल
और होंठों पर हँसी बनी रहती है

मैं एक ऐसे आततायी को भी जानता हूँ
जिसकी तरफ़ लोग देखते हैं उम्मीद से
और जिसके चरण
मेरे पिता भी छूते हैं

मैं एक ऐसे आततायी को जानता हूँ
जिसमें एक भी बुरी आदत नहीं
और उल्लेखनीय है कलाओं के बारे में
जिसकी दिलचस्पी

धीरे-धीरे मैं
ऐसे कई आततायियों को जानता हूँ
बहुत मुश्किल है इस समाज में जिन्हें
अब आततायी कह पाना।

बीज

जो पराजित है वह धन है संसार का

यह हवा बहेगी
एक हारे हुए का जीवन सँभालने के लिए ही
जो जानती है कि पराजित होना
ज़िन्दगी से बाहर होना नहीं
दाख़िल होना है एक विशाल दुनिया में

ज़िन्दगी में दाख़िल हो गए इस व्यक्ति को
ईर्ष्या और प्रशंसा और अचरज से
देखता है जीवन से बाहर खड़ा आदमी
वह समझ ही नहीं पाता है कि वह तो
फ़्रेम से बाहर खड़ा हुआ प्रेक्षक है एक

जो पराजित है और टूट नहीं गया है
वह
नए संसार के होने के लिए
एक नया बीज है।

एक सुबह की डायरी

वह अपनी धुन में किसी पक्षी के साथ नापता हुआ आकाश
उसकी आँखों में आसमान का रंग चमकता हुआ विस्तृत नीला
उसकी चाल को धरती का घर्षण जैसे रोकता-सा
कंचों की आपसी रगड़ का संगीत
उठता हुआ निकर की जेब में से
गूँजता हुआ इस दिक् के सन्नाटे में
आँखों के आगे चाकलेट की पारदर्शी पन्नी लगाए
कूदता चलता वह करता खेल अनेक

दूध की लाइन में खड़े अधीर लोगों के बीच
वही था जो बेपरवाह था वह जो असीम था
और तैर रहा था अथाह बचपन की झील में
वही था जो आसपास को देखता हुआ इस तरह
मानो हर चीज़ पर उसका ही अधिकार
जो दूध वाले के मज़ाक़ पर
देखता उसे क्षमा करता हुआ
थैली को निकर की दूसरी जेब में घुसाने के
एक बड़े नाट्य में व्यस्त

वह जो ट्रक की तेज़ी को परास्त करता
पार करता हुआ सड़क
गली के छोर पर दिखता चपल
एक कौंध एक झोंका
ग़ायब होता हुआ हवाओं के साथ
वह जो इस पुरातन दुनिया को करता हुआ नवीन
और अद्यतन

वह जो मेरे आज के दिन का प्रारम्भ।

मुर्ग़ी

उसकी चाल में एथलीट की अकड़ और शान
गर्दन की कोमलता में गति का सौन्दर्य अनुपम
इस सुबह में वह चुगती हुई दाना
कितनी संलग्न
कितनी समर्पित

पंखों के डिज़ाइन का फ्रॉक पहने
वह एक किलकती हुई बच्ची
कूदती-फुदकती मोहल्ले की गलियों में

एक दूसरी मुद्रा में वह एक चिन्तित स्त्री
दाना-पानी की खोज में भटकती
कभी निकली हुई सैर पर नन्हे बच्चों के साथ
अपने जीवन की छोटी-सी स्पंदित उड़ान में प्रसन्न

सचेत निहारती गोल चमकदार आँखों से
नित नयी होती इस दुनिया को
हर आक्रमण के ख़िलाफ़ सजग दौड़ से भरी हुई
उसे छूना उत्साह भरी एक थकाऊ क्रिया

इस समय वह बेपरवाह अपने ऊपर लगी
स्वाद भरी हिंसक निगाह से
लचक से झुकाती हुई ग्रीवा
कचरे के ढेर में से उठाती छिपा हुआ अन्न-कण

हवा में मिलाती हुई
अपनी तरह की ख़ास और मीठी आवाज़ के गुल्ले!

मुहब्बत

स्मृति के सबसे पुराने तार पर
अटकी हुई है एक पीली पतंग

अंधड़ चलता है
गिरती है बिजलियाँ
बरसते हैं मेघ
चलती है लू

उस पतंग का रंग फीका पड़ता है
फट जाता है उसका पतला झीना-सा काग़ज़
टूट जाती है उसकी कमान

लेकिन वह अलग नहीं हो पाती है
उस पुराने ज़ंग खाए
जर्जर तार से।

इतिहास

मिट्टी में गिर गया यह सिक्का
यह प्रसिद्ध ईश्वरीय चेहरा
और यह एक पत्ता

और यह तुम्हारी किशोर हँसी

अब इतिहास है।

मृत्यु

वह काँपती है क्षीण कृशकाय अमिट
हमारे भीतर के काँस के फूलों
और आकस्मिकताओं की झाड़ियों के पीछे से
जीवन की हवा में शामिल करती है अपनी भी एक आहट
वह हमारे साथ लगातार उपस्थित
अकसर हमसे कहती हुई कि अभी वक़्त है

वह मृत्यु!

एक झर गया फूल
गुज़र गया क्षण
व्यतीत हो चुका प्रेम
और बचपन....
जैसे उसके घटित होते जाने की कुछ स्मृतियाँ

वह हर क्षण कुछ चबाती है
रौंदती है हर क़दम पर कुछ न कुछ
यही उसकी चाल है उसकी गति यही
वह काल के भीतर काल को भी भरती हुई जबड़े में

अक्षय ऊर्जा का वह रूप अगोचर
और वही है सबसे अधिक दृश्यमान

अपने मकड़जाल के साथ धँसी हुई भीतर
वह परजीवी
हमारे जीवन के साथ जीती अपना भी जीवन
मरती हुई हमारे ही साथ
भीतर छिपी हुई घड़ी के चिप की तरह
अपनी असमाप्त टिक्-टिक् में गूँजती मौन
जिसके काँटों पर कैमरे हज़ारों

अन्त तक वही तो है जो रहती है साथ
और निगाह रखती है इस जीवन पर।

जीवाश्म

इस जीवन की एक खिड़की से बाहर
हमेशा एक गली होती है दिखती हुई
जिसके निशान सभी के घुटनों पर
जिनकी चोटों से आज भी झरती है धूल

एक समय होता है
जब गली में जितनी उतरती है सुबह
उतनी ही उतरती है वह आत्मा में
गली के तारे होते हैं ब्रह्मांड की पहली टिमटिमाहट
और गली की आवाज़ें ही जीवन की पहली आवाज़ें
इन सबके साथ ही अचानक एक दिन
जाना होता है हमें किसी दूसरे जीवन में
और जानने होते हैं दुनिया के तमाम रहस्य

फिर एक दिन हर बाशिंदे की तरह जान लेते हैं हम भी
कि गली के ज़रा से ही दिनों के इतिहास में
कई मकानों के बदलते हैं चेहरे
कई पर गिरती हैं बिजलियाँ
कई छिप जाते हैं समय की ग़र्द की ओट में
उजाले से भरे घरों में भरता है अँधेरा

जवानी पर पड़ती जाती हैं
झुर्रियों, काई और क़िस्सों की तहें

लेकिन गुज़र गए समय का भी एक जीवाश्म होता है
जो परतों के बीच दबा चला आता है रक्षित
जहाँ ग्रीष्म के अंधड़ से टूटे पत्ते भी
अपनी शिराओं के साथ रहते हैं सुरक्षित
यह बात सबसे ज़्यादा वह ओस जानती है
जो उजास के पहले के अँधेरे में चूमती है गली को
और पाती है वहाँ पहले से ही कुछ नमी है

फिर हम भी चले जाते हैं बहुत दूर तक
वहाँ तक जहाँ से कई रोशन चीज़ें
दिखने लगती हैं धब्बों की तरह
और लौटकर आते हैं किसी दिन
अजनबी जगहों की सीलन से और तिरस्कारों से भरे
देखते अपनी स्मृति की गली को
जिसकी पहचान में कुछ वक़्त लगता
लेकिन वहाँ अब भी कुछ ताँबा मिल जाता
सप्तऋषि होते जो गली के आकाश में अलग से चमकते
कई जगहों पर दबे हुए होते बचपन के खनिज
वहीं दिखते कुछ पेड़
जिनके बीज फेंके थे हमने ही बचपन के किसी खेल में
हमारे भीतर बची होती थी हमारी चाल
हँसी में गाल के गड्ढे होते
और जबड़ों की वैसी ही नुकीली हड्डियाँ
आँखों में होती वही टिमटिमाती उदासी
हमारे साथ ही चले आते हमारे जीवंत जीवाश्म
जिनसे हर बार पहचान लिया जाता था हमारा होना

गली में कुछ बच्चों के चेहरों को देखकर
हमें यकायक याद आते अपने बचपन के दोस्त
और हम देखने लगते अचरज से
हमारी दुनिया की इस गली को
जिसमें अब वे न थे
और हम थे।

हस्तलिपि

जैसे तुम्हारी हस्तलिपि में लिखा हुआ वह मेरा प्रिय 'ह'
कितनी दीर्घ उसकी ग्रीवा कैसा सक्षम उसका कंधा
और उसे सम्पूर्ण बनाती
वह बाएँ से दाएँ जाती तिरछी रेखा
(जैसे हँसिए की धार, जैसे तृतीया का चन्द्रमा
जैसे सजग लापरवाही से मारा गया ब्रश का स्ट्रोक)
और वे तुम्हारे 'क', 'अ', 'ल', 'ज'
और वह 'इ' के अधोभाग में लगती हुई अलौकिक गठान
ओस कणों की तरह चमकते अनुस्वार

सब कुछ देवनागरी में होते हुए भी
जो हो जाता है तुम्हारी ही लिपि का
तुम में ही घुलकर होता एक नया संस्करण
जैसे हम सब भी बनाते हैं मिल-जुलकर एक लिपि
थोड़ी उमठती हुई
थोड़ी तिरछी होती है जिसमें अक्षरों की चाल
जहाँ अकसर ही एक अक्षर सहारा देता दूसरे को
कभी एक अक्षर निकलता हुआ
अपने क़रीबी अक्षर की नाभि से

लेकिन जिनमें शामिल होती सबकी अपनी पहचान
चेहरे की तरह जो चमकती काग़ज़ के आईने पर
अपने लिखे जाने के समय की उदासी
उत्कंठा और प्रसन्नता से भीगी

तुम्हारी हस्तलिपि की याद से घिरा हूँ इस वक़्त
और दिख रहा है मुझे तुम्हारा झुका हुआ आद्र चेहरा
जिस पर एक रेख चमकती हुई
मिटती हुई एक दूसरी रेख
वहीं दमकते हैं तुम्हारे हाथ के लिखे
अक्षरों के चेहरे और उनका शिल्प
जो अपनी गरिमा और संकोच में डूबे से
दिखते हैं अचानक कहीं
तो पहचान की कौंध से भर जाता है हृदय।

शोकगीतिका

तुम पूछते हो कहाँ है वह हँसी
वे कचनार के फूल
निरभ्र आकाश तारों की छटा
और दोपहरी का वह संग-साथ

जो बचपन के साथी हैं उनके सवाल भी
हमारे बचपन में से निकलकर आते हैं
इधर के जीवन के लिए विस्मय
दुख और अविश्वास से भरे
उस पार देखते हुए जैसे वहाँ सब कुछ सुन्दर था
जैसे सब तरफ़ से झरती थी ख़ुशहाली

उन्हीं दिनों के बारे में पिता से पूछो
तो मिलती हैं कुछ दूसरी सूचनाएँ भी
दादी सुनाती हैं मुश्किलों की अलग ही कहानी
और पड़ोस के बाबा अब
याद भी नहीं करना चाहते उन काले दिनों को

एक ही वक़्त के बारे में इतनी तरह की अनुभूतियाँ हैं
इतनी तरह की स्मृतियाँ

कि हमारे अनुभव के सुख सरोवर में
दूसरों के अनुभव के विशाल पत्थर गिरते चले जाते हैं
एक हरी स्मृति को उसी क्षण काटती है
एक कत्थई या काली स्मृति

मेरे शोक के अजर स्रोत मेरे इतिहास में भी हैं

यह अनायास नहीं है
कि मैं अकसर ही देख लेता हूँ उस अशक्त पत्ते को
जो पकने से पहले ही छोड़ने को होता है अपनी जगह
चीज़ों ने, प्रचार ने, रिश्तों ने
और जीविका चलाने के थियेटर ने
जो चक्रव्यूह बनाया है उसी में रहता हूँ मैं
यह एक जाल है जिसे सदियों से मैंने भी बुना है
मैं घिर चुका हूँ नैतिक वाक्यों से
आशंका मुझे घुन की तरह खाए जाती है

मैं सितार बजाना जानता हूँ
बजानी पड़ती है मुझे शहनाई
जब सब तरफ़ से आते हैं हँसी के स्वर
मेरे कानों के समुद्रों में
असंख्य चीत्कारें उठाती चली जाती हैं ज्वार
चमकदार दृश्यों के पार्श्व से
बहती दिखती है ख़ून की धार।

आदर्शविहीन समय में

हमारे भी कुछ आदर्श थे
जीवनियों ने हमें भी किया था प्रभावित
बचपन, भोलेपन और रूमानियत ने
जिन आदर्शों को जन्म दिया
वे गुज़र गए किसी एकतरफ़ा किए प्रेम की तरह अकारथ
जो कुछ स्थानीय आदर्श थे हम उन्हें ढहते देखते रहे
उनकी खुरदरी सतह पर रोज़ देखा हमने एक रन्दा चलते हुए
जो आदर्श मूर्ति में तब्दील हुए
उनके सिर पर गिरती रही बीट
कई आदर्श एक दिन हमने रुलाई रोकते हुए जाना
कि वे आदर्श थे ही नहीं

फिर बताया गया कि कुछ लोग तो आदर्श होते ही हैं
मसलन, सीमा पर गोली खाकर मरता हुआ सैनिक
या नगरपालिका की रोशनी में पढ़ता हुआ लड़का
हालाँकि सच्चे आदर्शों की तरह
वे नहीं जानते थे कि वे किसी के आदर्श हैं
उन्होंने अपनी अन्तिम कोशिश तक किया प्रतिकार
और आख़िर चुन लिया एक जैसा-तैसा जीवन

कुछ आदर्श मिलते रहे इधर-उधर गलियों में
मिलते ही वे रो पड़ते कहते
हमने कब चाहा था हमें आदर्श बनाया जाए
कुछ लोगों ने आदर्शों की तरह चुने दुःस्वप्न, युद्ध, सिंहासन
वे भी आदर्श हुए किसी के
और एक दिन पाए गए ख़ून और कीचड़ में लथपथ

फिर हमने नाविकों, यात्रियों, खिलाड़ियों
कलाकारों और न्यायाधीशों की तरफ़ उम्मीद से देखा
धर्म, राजनीति, खान-पान
योग, रति आदि क्रियाओं के आदर्शों के उत्तरीयों पर दिखे
क्रूरताओं, समझौतों और स्खलनों के दाग़
फिर मनुष्येतर प्राणियों के आदर्शों का चलन हुआ
कुत्तों, पक्षियों, मछलियों, चूहों, चींटियों तक को हमने आदर्श बनाया
कई मनुष्यों के नाम शेर, हाथी, कोयल, कछुआ, ईश्वर आदि रखे
लेकिन इससे भी नहीं रुका आदर्शों में गिरावट का सिलसिला

फिर एक पहाड़, एक पेड़ हमारा आदर्श हुआ
एक ग्रह, एक नदी और फिर एक समुद्र
फिर हमने एक कथा को आदर्श बनाया जो कभी
घटित ही नहीं हुई थी
आदर्शों से थकी हुई इस दुनिया में हमने फिर चुना
असफल होता दिखता हुआ एक विचार
एक स्वप्न जो हमें नींद में से जगाकर टूट जाता था
फिर एक न बीतनेवाला दुख हमारा आदर्श हुआ
और कुछ नैतिक अटपटे से वाक्य
जो हमारे रोज़-रोज़ के उड़ते-गिरते छप्पर में
बाँस बल्लियों का काम करते रहे

फिर हमें दिया गया एक सबसे निर्बल

असहाय और निर्धन व्यक्ति का आदर्श
लेकिन यह एक ऐसा सुविधाजनक आदर्श साबित हुआ
जिसमें कैसा भी रंग भरा जा सकता था
जिसे कभी भी पहनाए जा सकते थे उजले वस्त्र
और जिससे किसी भी वक़्त पोंछी जा सकती थी
अपने जीवन की कालिख

फिर आदर्शों की खोज में
हम छले हुए, दुखी और उदास और आशान्वित
बार-बार गए स्मृतियों की तरफ़
स्वप्नों और कलाओं की तरफ़।

कि

कि मैं प्रायः अकेला और हास्यास्पद हुआ
लेकिन तब तक मेरे पास
बहुत विकल्प न बचे थे
कि घनी आबादी के इस अविकसित देश में
विकसित हो चुके लोगों का साम्राज्य था

उधर होनी ही थी ग़रीबी सनातन
कि सब कुछ हो चुका था सनातन

कि मछुआरा अपने बेटे को पढ़ाना तो चाहता था
मगर मछली न मारने की क़ीमत पर नहीं
कि साक्षरता और खाद्य दो अलग विभाग थे
और इसमें सरकार बेचारी क्या कर सकती थी

अस्पताल से या दुकान से
लौटते हुए आदमी को लगता था
कि उसे लूट लिया गया है सरेबाज़ार
कि अब वह क्या कर सकता है
जबकि लुटने वाले अनेक हैं एकदम चुप

कि आख़िर स्त्रियाँ और बच्चे
सबसे आज्ञाकारी मज़दूर साबित हुए
तो इसमें मालिकों का क्या अपराध?

और अन्त में यह
    कि दुनिया को बदलने वाले लोगों का एक दल
    हर काल में होता आया है
    कि आज की यह तस्वीर ही
    संसार की आख़िरी तस्वीर नहीं है।

परन्तु

बुद्धिजीवी भी सड़क पर आ सकते हैं
परन्तु क्या करें यह सरकार ठीक नहीं है
माना कि यह लोकतंत्र है
और हम सुधारना चाहते हैं यह समाज
परन्तु इधर ठाकुरों के वोट बहुत हैं

बेचारा ज़िला दंडाधिकारी भी
करना तो चाहता है कुछ हस्तक्षेप
परन्तु उसके अधिकारों में
निर्बल को ही दंडित कर सकना सीमित है

कहते हैं इस आबादी में कई लोग हैं दयालु
परन्तु उनकी सम्पन्नता से ही
ज़ाहिर हो जाती है उनकी क्रूरता

यों तो मैं ख़ुश हूँ
परन्तु मुझे शर्म आती है
अपनी समकालीन कायरता पर
मैं शब्दों से काम चलाता हूँ

परन्तु मुझे अब कुछ दूसरे हथियार भी लगेंगे

परन्तु संकल्प की कृशकाया
नामालूम खाई की तरफ़ लिये ही चली जाती है

विचार मेरे पास श्रेष्ठ है
परन्तु पराजित होता हुआ
रोज़-रोज़ वह अल्पसंख्यक होता जाता है
सोचता हूँ उसे रखना होगा जीवित

परन्तु हम सबको मिलकर ही
जो धीरे-धीरे अब बहुत अकेले हैं।

दृश्य-महादृश्य

अब सब तरफ़ सब कुछ इतना ठीक है कि साँय-साँय है
मानो यह किसी लोकप्रिय सिनेमा का
कोई गद्गद् करुण दृश्य है
जनपद के विशाल सिनेमा हॉल में बैठे हैं हम विमूढ़
कभी सुबकते हुए कभी बजाते हुए तालियाँ
और फिर हँसते हुए यह सोचकर
कि अरे यह तो है फ़िल्मी दृश्य!

सामूहिक रुदन, विलाप, भूख, हाय-हाय
बेबसी और छाती कूटने के कोलाज का विशाल दृश्य
शून्य काल के ब्लैक-होल में
अनायास ही हो जाता है विलीन

आगे पटकथा यह है
कि एक विचारवान की अहिंसा से भी
नष्ट होता जा रहा है ज़रूरी जीवन

लेकिन अगले अंक में तो हास-परिहास है
विद्वान उछल रहे है सुविधाओं के स्प्रिंग पर उत्तेजित

संज्ञाएँ, सर्वनाम, विशेषण और क्रियाएँ
जैसे किसी हँसोड़ के संवाद और अभिनय
अगले दृश्य में समर्थ लोग गिड़गिड़ा रहे हैं
कृपया, हमें रोज़ी-रोटी कमाने दो

अब इस दृश्य में
भाषा के वृक्ष से
झर रहे हैं विचार के पत्ते

चौराहे पर बज रहा है पराक्रम का ख़ाली कनस्तर
प्रशासक मुँह चूम रहा है राजनीतिज्ञ का
हर आदमी किसी दूसरे आदमी की जेब में पड़ा हुआ रिमोट
एक छोटा-सा बटन है किसी मनुष्य की हत्या
ऐसे में किसी कवि-नागरिक की राय का
भला कितना अर्थ हो सकता है?

अब यह दो दृश्यों के अन्तराल का दृश्य नहीं है
न यह काव्यात्मक प्रस्तुति है
न संगीत भरी पुकार
न ही किसी अवश के स्यापे का रीटेक
यह तो समय के छोटे-से तार पर
दोनों तरफ़ लटके हुए केंचुए के जीवित शव की
प्राण प्रतिष्ठा किए जाने का दृश्य है

अब यही एक दृश्य है जो इस महादेश में
एक क्षण में एक हज़ार बार फ़िल्माया जा रहा है।

मध्यवर्गीय ओट

हमारे वर्तमान के टीले के पीछे अब भी है वह समय
जब बहुत कम थीं घर में चीज़ें
और कहीं कोई कमी नहीं लगती थी

फिर तेज़ी से बदलते रहे चीज़ों के अर्थ
नये-नये मिलने वालों
और गरिष्ठ होते एक निजी संसार में
देखते हुए नये सामान
भूलते हुए बचपन
लगता है पीछे छूट गई है प्रत्यक्ष ग़रीबी

(जैसे सबसे पहले छूटता है साइकिल चलाना)

उधर लगभग एक-सा ही चला आता है दुनिया में
भूख और ग़रीबी का जीवन
बढ़ाता हुआ रोज़ अपना आकार
ओझल होता उन लोगों की निगाह से
जिन्होंने अभी-अभी पीछे छोड़ी है एक मटमैली दुनिया

थोड़ी-सी ही सम्पन्नता की ओट में छिप जाता है
एक विशाल रोता-कलपता
दुख भरा संसार।

ग़रीब की बुदबुदाहट का अनुवाद

ग़रीबी ने ही फैला दिया है मेरी आत्मा में रेगिस्तान
लेकिन मैं किसी का उदाहरण नहीं
वैसे भी हर ग़रीब अपनी तरह से इस तरह ग़रीब है
कि उसकी तुलना में नहीं रखी जा सकती कोई दूसरी असहायता
निर्धन के शाप भी किसी को नहीं ग्रसते
जैसे लौटकर चले आते हैं मेरे शाप मुझ ही तक
बख़्शते हुए मुझे यही अद्वितीय जीवन

ईश्वर भी धीरे-धीरे अब सांत्वना का एक शब्द है
और सिर्फ़ सांत्वना से नहीं सुधर सकता मेरा संसार
मैं फिर अपना जीवन रोज़ सुबह
उसी धार्मिक जन भाषा में पाता हूँ
जहाँ अलौकिक सांत्वनाओं के बावजूद
हर बार एक नयी तकलीफ़ है
मेरी दिनचर्या में सेंध लगाती

जहाँ रह गया हूँ मैं इस तरह मनुष्य
जैसे समाज की नाली में किसी कीड़े का ठाठ
हर सुन्दरता मुझे चोट पहुँचाती हुई सुन्दर है

लकड़ी का बुरादा भी जगा देता है मेरी भूख
पड़ोस के पत्तों पर पड़ता हुआ प्रकाश
नहीं पहुँचता है मुझ तक
भटकता हूँ मैं आदमियों की दुनिया में
इल्लियों के जीवन से ईर्ष्या करता हुआ

फिर भी मेरे जीवित रहते चले आने में
और मेरी अछोर निराशा में
कोई आशाजनक संबंध होना चाहिए
और यह कितना विचित्र है लेकिन है।

सामाजिक जीवन

एक मेंढक की मृत्यु की
परवाह कौन करता है?

क्या कोई दूसरा मेंढक
खोजता होगा इस मेंढक को
जो अपने पोखर से दूर
स्कूटर से कुचलकर
मारा गया मेरी गली के मुहाने पर?

सम्भव है कोई प्राणीशास्त्री
डाल सके इस अँधेरे पर प्रकाश
जो मेंढक की इस आकस्मिक मृत्यु के बाद
फैलने लगा है गली से शुरू होकर

तब पूछा जा सकता है यह सवाल भी—
कौन करता है परवाह
एक मनुष्य की मृत्यु की?

शाम ढल चुकी है
कहीं कोई कमी नहीं है
जारी है सब तरफ़ दुनिया का कारोबार।

यह एक दिन

एक दिन आता है जीवन में एकदम ख़ाली
जिसमें करने के लिए कुछ भी नहीं
चाहकर भी जिसमें नहीं किया जा सकता कुछ
फ्रेम में जड़ा हुआ ख़ाली दिन
तस्वीर में मुस्कराते किसी भी ईश्वर की तरह व्यर्थ
ख़ालीपन से लबालब भरा हुआ एक दिन

बाहर पत्तियाँ भी नहीं गिर रही हैं
मौसम में मौसम की शिनाख़्त नहीं है
दिन ढलान पर से लुढ़क नहीं रहा है
रात होने में अभी कई बरस बाक़ी हैं

आवाज़ों से आने वाले की पहचान मुश्किल
हो सकता है यह धमाका ख़ुशी में किया गया हो
यह पदचाप हो सकता है महज़ एक ख़याल हो
और यह कराह
एक हिस्सा हो बच्चों के किसी खेल का

जैसे यह दिन किसी ख़ाली कैनवस का हिस्सा
कुछ बनाने के लिए यह फिर कभी न मिलेगा

मेरे सम्भव दिनों में से एक को धूल-धूसरित करता
जा रहा है यह एक दिन
इस गुज़रते जा रहे दिन के सामने
मैं एक असहाय दर्शक, बस!

फ़ुटबॉल मैच से उठनेवाला शोर भी
इसमें नहीं भरा जा सका
एक बच्चे की किलकारी और एक स्त्री की मादक चेष्टा
इस दिन से टकराकर लौट चुकी है
यह दिन तना हुआ पत्थर की किसी दीवार की तरह
अपने ख़ालीपन की रक्षा करता हुआ मुस्तैद

'एक दिन की अन्यमनस्कता भी
बूढ़ा कर सकती है आदमी को'—
न जाने किसका आप्त वाक्य है यह
या मेरा ही कोई सोच अटका हुआ ज़ेहन में
लेकिन मैं इस दिन के ख़िलाफ़
मोर्चा नहीं ले पा रहा हूँ
इस दिन के ख़ालीपन से परास्त हुआ
दबा पड़ा हूँ इसके नाकुछ वज़न के नीचे

यह दिन मेरी स्मृति में रहेगा इस तरह
कि जिसे न उम्र में से घटाया जा सकेगा
और जोड़कर देखने में होगा एक अपराध।

ख़ाली प्लॉट में जीवन

मेरे घर के सामने ही है वह ख़ाली प्लॉट
लोगों को जिसके पास से
साँस रोककर गुज़रने का हो चुका है अभ्यास
वहीं जम चुकी है कचरे की मोटी तह
और अब वह सब इस वसुंधरा का हिस्सा है
वह धरती जिस पर हो चुका है सूअरों का क़ब्ज़ा

भटकते चौपायों के बीच लड़के खेलते हैं क्रिकेट
वहीं बीच में रखी कचरा-पेटी में दिन-भर गिरता है कूड़ा
जिस पर लपके रहते हैं सूअर, कुत्ते और गायें
और जिसके भीतर धँसी हुईं
दो-तीन बच्चियाँ जैसे हमेशा से ही
बिना लड़े-झगड़े
चुपचाप बीनती हैं पोलीथीन और प्लास्टिक

अजीब-सी सुरम्यता है
अजीब-सी गन्दगी

फिर दोपहर ढल चुकी होती है
फैलने लगती है अन्यमनस्कता

निढाल सूअर पसर जाते हैं अपने भौगोलिक साम्राज्य में
उनके बच्चे गुच्छों में जमा हैं अलसायी हुई माँओं के ऊपर
सामने किराने की दूकान का थुलथुल मालिक
ताँबे की खुरचनी से दाँत खुरचता हुआ
कचरा-पेटी की तरफ़ देख रहा है अप्रभावित

शाम होने को है
एकाएक आता है नगरपालिका का ट्रैक्टर
और चल देता है हुक में ट्राली फँसाकर
ट्रैक्टर की आवाज़ से चौकन्ने हुए सूअर
पसरे हुए ही देखते हैं कचरा-पेटी का जाना

रात में जब मैं नींद के दूसरे तहख़ाने में
दाख़िल हो रहा होता हूँ
सुनाई देती है ट्रैक्टर की आवाज़
और सूअरों की प्रसन्न गुर्राहट।

औक़ात

यहाँ ज़िक्र किया जा रहा है जिस आदमी का
वह जानता है कि अचानक एक दिन
कुछ चीज़ें बहुत सस्ती भी हो जाएँ
तब भी
केरोसिन और गेहूँ के लिए लगती लम्बी लाइन में ही
खड़ी हो सकती है
उसकी लड़खड़ाती हुई क्रय-शक्ति।

असाध्य रोग

जब पहली बार घुटने में चमक हुई
या गले में दिखी एक छोटी-सी गठान
आँखों के आगे का पहला अबूझ अँधेरा
और ज़रा-सा पैदल चलने पर वह अप्रत्याशित थकान
जब टिक जाना पड़ा था टेलिफ़ोन के खम्भे से ही
तब से लेकर आज तक कभी कोई नहीं समझ पाता
कि शेष जीवन में अपनी मारक जगह बनाता हुआ
यह एक असाध्य रोग है

असाध्यता के ख़िलाफ़ यह अस्वीकार
कहीं से भी शुरू हो सकता है
किसी पुराने रोगी के रिश्तेदार की सांत्वना
या शहर के कोने में चमकते वैद्य के बोर्ड से
पड़ोस से ही सुनने में आए चमत्कारी क़िस्से
स्वास्थ्य पत्रिका में छपे किसी लेख
या फिर अपने ही भीतर सक्रिय जिजीविषा से
यक़ीन सा होने लगता है
कि पहले कभी रहा होगा यह रोग असाध्य
अब तो बहुत तरक़्क़ी हुई!

एक यही चीज़ जीवन में नये सिरे से जगाती है उत्सुकता
देती हुई ढाढ़स और फिर एक हिम्मत
परिवार में कोई जन अचानक कहता है
अब हम बम्बई चलेंगे या फिर चेन्नई
पैसे की क्या दिक़्क़त है यह मकान किसलिए है
शाम को बेटे का दोस्त आता है कहता है
सुरेंद्र कह रहा है अब आप एकदम ठीक हो जाएँगे
और अगले साल इन दिनों हम
नए पत्तों का आना देख रहे होंगे
यह एक बात फिर आने वाली कठिन रात को
परास्त कर देने की ताक़त से भर देती है

लेकिन उसी रात खाँसी का दौरा आता है
उसी रात कँपकँपी और ठंडा पसीना
उसी रात थूक में दिखता है ख़ून

इसके बरअक्स यह भी होता है कि जैसे ही कहा जाता है
ठीक हो जाओगे दस हज़ार रुपये लगेंगे
या रोज़ दूध और फल खाओ
तो आधी आबादी के लिए वह रोग
उसी वक़्त असाध्य हो जाता है
लोग बड़बड़ाने लगते हैं उस दुनिया का क्या हुआ
जब पाव भर सौंठ में पूरा घर तन्दुरुस्त रहता था
फिर वे झाड़-फूँक की
एक दूसरी असाध्य दुनिया की तरफ़ चले जाते हैं

जैसे सबको पता है कि आख़िर होना क्या है
डॉक्टर भी अन्धविश्वासी लाचार की तरह
ऊपर की तरफ़ उठाता है हाथ
बताता है रिसर्च चल रही है

दस साल बाद इस रोग से कोई नहीं मरेगा
पैथियाँ बदलते हुए फिर एक दिन
पैसे की भी मुश्किल आती है
जो किसी के लिए पाँच महीने में ही आ जाती है
और किसी के लिए सात साल बाद
तीमारदारी और तड़पता देखते रहने की भी एक हद है
आँसुओं से कोई दवा तैयार हो सकती होती तो
कोई रोग असाध्य नहीं रह जाता

अब वे ही परिचित आते हैं
इस बार थोड़े बुझे हुए से
कुछ ज़्यादा चिन्तित कुछ ज़्यादा दयालु
फुसफुसाते हैं अब तो ये दवाएँ ही मार डालेंगी इनको
बीमारी की बची रह गई एक कोशिका भी
काफ़ी है अब तक की मेहनत पर पानी फेरने के लिए
अच्छा होगा कि इन्हें मन का खाना दो
खिड़की पर से पर्दा हटा दो
आसमान का रंग भी जीवन को
कुछ दूर तक खींच ले जा सकता है
जीने की इच्छा ही अब इलाज है
देखो, मेरे पिता के लिए तो मुझे
नहीं मिल पाया था दस मिनट का वक़्त भी
तुम थोड़ा जागते हुए सोया करो
यह तकलीफ़ आधी रात के बाद अपना काम करती है
बेहतर हो ये पूस-माघ के महीने कट जाएँ
इनसे अभी भी यही कहो कोई ख़ास बात नहीं

फिर हर एक के पास अलग-अलग लम्बाई की
भटकते रहने की एक कहानी होती है
अकसर जिसका अन्तिम वाक्य होता है—

'क्या कुछ नहीं किया!'
जिसके बाद की चुप्पी में बचा रहता है
स्वीकार्य इंतज़ार

जिसमें कभी-कभी
एक नामुमकिन-सी
निरुपाय उम्मीद तैरती दिखती है।

अथ पुरातन कथा

अब एक ठीक शिकारी हूँ मैं

एक मनुष्य भी जब देखता है मुझे
डर जाता है
पेड़, पहाड़, नदी
लताएँ, चीटियाँ और मिट्टी के ढूह
डर जाते हैं मुझे देखते ही

जो भाग नहीं सकते वे आसान शिकार हैं मेरा
जो भागते हैं उनका पीछा करता हूँ मैं
जो करते हैं मुक़ाबला
उनसे होती है थोड़ी-बहुत दिक़्क़त
लेकिन फ़िलहाल मेरे पास
इतने आयुध हैं, इतनी चालाकी
वे मारे जाते हैं

जिनको मैं आज के दिन के लिए करता हूँ अभय
वे हार्दिक सहायता करते हैं
मेरे आखेट में

अब एक
निष्णात व्यापारी हूँ मैं।

उपलब्धियाँ!

एक आदमी ने सन्तोष किया कि उसने जानवरों पर दया दिखाई
एक आदमी ने गर्व किया कि कभी शराब ओंठों पर नहीं लगाई
एक ने हत्या होते देखी और सोचा अच्छा हुआ जो मैं चुप रहा
एक ने कहा कि वह गृहस्थी थी जिसकी ख़ातिर अपमान सहा
एक ने बताया कि सदैव ईश्वर को याद किया जब हुआ अकेला
क्या बुरा हुआ जो शान्ति से कट गया जीवन, दुख था सो झेला।

पुलिस

उनकी मुश्किलें भी अजीब थीं
नौकरी के घंटे थे इस तरह कि वे समझ नहीं पाते थे
कि रात के हिस्से की नींद को आख़िर
दिन में किस तरह पूरा किया जाए
और दिन-भर की भाषा, इल्लत, ज़िल्लत को
जीवन के किस अँधेरे कोने में छोड़ दिया जाए

वे ऐसी जगहों में ऐसे लोगों के साथ काम करते थे
कि लगातार भूलते जाते थे वह बोली-बानी
जो मनुष्यों के बीच पुल बनाने के लिए
उन्हें इस दुनिया ने सिखाई थी
शुरुआत से ही उन्हें एक अक्षर
मनुष्य के पक्ष में पढ़ाया जाता था
और एक हज़ार वाक्य मनुष्यता के ख़िलाफ़
यह सैकड़ों सालों में फैली एक अनन्त योजना थी
जिसने उन्हें यह अन्दाज़ा भी नहीं लगाने दिया
कि वे मुस्तैदी से करते हैं उन्हीं के क़िलों
नियमावलियों और कुर्सियों की हिफ़ाज़त
जो उन्हें मनुष्य से बदल देते हैं हथियारों में

इसलिए यह होना ही था
कि एक दिन उसने हर एक को अपराधी समझा
हर एक पर किया सन्देह
उसके छूने भर से कुम्हला सकते थे खिले हुए फूल
ग़रीब और कमज़ोर पर उसका ग़ुस्सा टूटकर गिरता था
उसकी निर्ममता के क़िस्से ऐसा कहा जाता है फ़िल्मों ने
दुस्साहसी पत्रकारों ने, भुक्तभोगियों ने
और कभी-कभार की मानवाधिकार आयोगों की रिपोर्टों ने
अतिरंजित कर दिए थे जबकि यह सच अपनी जगह है
कि उसकी क्रूरताओं के असली चेहरे
अपनी वास्तविकता में कभी नहीं हो सकते उजागर

जो इक्के-दुक्के सिपाही या अधिकारी
देशसेवा की क्षणिक झोंक में
या अपनी जान पर ही बन आने की विवशता में
सचमुच वीरता करते थे
तो वह कुल पुलिस की कुल क्रूरता के
दस घात दस हज़ार टन वज़न के नीचे कराहती थी

लेकिन दिलचस्प थी यह विडम्बना
कि अकसर समाज में लोग अपने बच्चों के लिए
पुलिस की वर्दी में हो जाने की कामना करते थे

एक अर्थ में वह शोहदों को, चोरों को, मुज़रिमों को
समाज में ताक़तवर होने से रोकती थी
लेकिन इसका हिसाब अभी नहीं लगाया जा सका है
कि कितने अपराधियों को उसने बलशाली बनाया
और पैदा किए कितने नये मुज़रिम

थाना परिसरों में पवित्र समझे जाने वाले वृक्षों के होने

और पूजागृहों के बनाए जाने से
अत्याचारों के संबंधों को खोजा जाना कठिन नहीं है

आन्दोलनों, रैलियों और जनता के इकट्ठा हो सकने के वक़्त में
उसकी ज़रूरत सबसे ज़्यादा पड़ती थी
यह स्थिति इतनी सहज, वैध और अपरिहार्य कर दी गई थी
कि जनता को अपने दुखों को
सार्वजनिक रूप से ज़ाहिर करने से पहले
हमेशा यह बताना ज़रूरी था
कि वह इसके लिए कहाँ इकट्ठी हो रही है

सभ्य क़िस्म के विद्वान सोचते थे
कि वे सुरक्षित हैं जो पुलिस समाज में बनी हुई है
लेकिन कभी दैवयोग से या किसी गली से गुज़रते हुए
या देर रात तारों को देखते हुए
या फिर किसी दृश्य का हिस्सेदार होने भर की वजह से
उनका पुलिस से साबक़ा पड़ता था
तो वे अपनी राय पर दहशत से भरे हुए
लज्जित होने के अलावा कुछ नहीं कर पाते थे

केवल इस उम्मीद में लोग उससे डरते थे
नमस्कार करते थे रास्ता छोड़ देते थे
या कतराकर निकल जाते थे कि शायद
इस वजह से ही कभी मौक़ा पड़ने पर
उनसे थोड़ा कम दुर्व्यवहार किया जाएगा

कर्तव्यों का शानदार पालन करने के लिए पदक लेते हुए
पुलिसकर्मी भी ठीक-ठीक नहीं बता पाते थे
कि यह सम्मान उन्हें
नृशंसता के लिए दिया गया है या शौर्य के लिए

उन्हें सूत्र वाक्य दिया गया था :
निर्मम अत्याचार के बाद ही पता लगाया जा सकता है
कौन अपराधी है और कौन नहीं
उन्हें यह अधिकार था कि किसी भी आम जन को
बंद कमरे में या बीच सड़क पर यातनाएँ दे सकें
हत्या को बदल सकें मुठभेड़ में
उनके पास वैधानिक औज़ार थे
धाराओं की बेड़ियाँ थीं
और आत्मा को निरंकुश बना देने वाला प्रोत्साहन

इस सबके बावजूद पुलिस से सताए लोगों को
उम्मीद होती थी कि न्याय उन्हें बचाएगा
और एक अंधी अनन्त सुरंग में घुसकर
जितना प्रकाश पाया जा सकता था
न्याय उन्हें उतना बचाता था
सरकार को और सरकार की पुलिस को
न्याय का यह लक्षण सबसे ज़्यादा मालूम था
लेकिन जनता को इतनी सी रोशनी पर भी इतना भरोसा था
कि आख़िर एक दिन वह
अपने जीवन की आज़ादी के आगे
पुलिस-वुलिस कुछ नहीं समझती थी।

सताए हुए लोग

(आदिवासी मुक्ति संगठन के लिए समर्पित)

इस पृथ्वी पर सम्भव है सम्पन्न लोगों का जीवन
कि सताए हुए लोग चले आ रहे हैं जीवित
असंख्य और असमाप्त
लाखों की जगह जो करोड़ों लेते हैं
वे निर्बल, हड्डियों के बीच चमकती हैं जिनकी आँतें
पैसे की मार से काँपते सक्रिय
बल खाते हुए बीच-बीच में बजाते बिगुल
फिर एक छोटी-सी दया के चाबुक से
वापस जुटते अपने सनातन काम में

जो निराश हैं लेकिन हताश नहीं हो गए हैं
जिन्हें घेरा जा चुका है
छीन ली गई है जिनकी आवाज़
जो हाँफ रहे हैं मगर बीच राह में गिर नहीं जाना चाहते
गहरी नींद में से जो किसी सपने के दृश्य की आवाज़ से
जाग जाते हैं आधी रात में
अपनी थकान में भी टहलते हैं बेचैन
जिन्होंने उम्मीद के कच्चे सूत से आज भी बाँध रखी है

अपनी गिरती हुई जर्जर आशाओं की पोटली
वे जो अपने जीवन में लड़ते हैं इस तरह
कि हँसते हैं जिन पर सभी
जो एक पुरातन पेड़ की थोड़ी-सी छाँह चाहते हैं
और आने वाले कल की दीवार से टिकने का सहारा

रात में जिनको देखता है आकाश अरबों आँखों से टिमटिम
कभी स्याह काला कभी बरसता झमाझम
वे जो रोज़ ही होते बहिष्कृत अपने बनाए हुए संसार से
सोते-जागते-गाते-रहते एक ऐसी ज़मीन पर
जिस पर हर बार पड़ ही जाती है
किसी शाह की
किसी बलशाली की निगाह

वे जो सृष्टि का केन्द्र हैं मगर
बरसों से गिरे हुए परिधि के बाहर
जिनके जीवन का हो रहा है व्यापार विशाल
जो हँस रहे हैं अभावों में
खाँसी के लिए खोदते हुए कटीली की जड़ें

जिनसे टकराकर भीग रही हैं हवाएँ
कोई ओट नहीं है जिनके तलुओं और ज़मीन के बीच
वे पहाड़, वे असभ्य, वे बर्बर
वे फिर भी मर मिटने को तैयार
उल्लसित खड़े ज़रूरतों के चौराहों पर
गलियों में पठारों में कोनों में होते निर्वासित

वे जिनकी कमीज़ में
दुखों की सुपारी
और श्रम का सरौता हँसता हुआ।

गोआ-1998

चित्रों में कितना कम
ज़िन्दगी में फैला विस्तार अटूट
देश के नक़्शे में चमकता हुआ एक किडनी की तरह
ललचाने वाली बदनामियों और प्रसिद्धि के बीच
अपनी लापरवाही में मस्त

हर क़दम पर मिलते नारियल के वृक्ष मौज में हिलते-डुलते
ईसाइयत के निशान हज़ारों
जिनमें पुर्तगाली चमक का अहसास बराबर
जहाँ भी बैठो मस्ती में या थककर
वहीं पास कहीं दिखता एक क्रॉस
समुद्र की नमक घुली हवा में साँस लेते हम
जिसमें रसायनों की गंध कम
लेकिन खाना परोसता हुआ आदमी कहता है—
अब नहीं रही पहले-सी हवा!

मीलों फैले बीचों पर पर्यटकों का उत्सव अनन्त
मौज-मस्ती के दृश्यों के बीच में ही कहीं
अविस्मरणीय वह कृशकाय अधेड़ जोड़ा

लहरों के साथ आईं सीपियों को भूख से चलित हाथों से बीनता
मछलियों की गंध के बीच
विदेशी ग्राहकों को पटाते आदमी निरक्षर
बोलते हुए रटी हुई अंग्रेज़ी
रेत के मुलायम गद्दे में धँसे हम
अवाक् देखते डूबते सूर्य की अरुण छटा
जो फिर एक बार शब्दातीत
पास में ही गीली बालू पर समुद्री कीट के रेंगने के निशान
जिन्हें अगले पल ही मिटाने आ रही वह एक तेज़ लहर

सुबह छह बजे की उजास में धुली सड़कें चमकती गलियाँ
रात आठ बजे से ही फिर
डूबती हुईं अपनी चुप्पियों के रहस्य में
लोग घरों में बंद चुपचाप लेते चुस्कियाँ
और वहीं प्रकृति में पकते काजुओं की ख़ुशबू
ज़मीन में दफ़न हाँडी में से उठती है होरॉक की गंध
शाम होते ही सड़क किनारे का हर दूसरा घर
धीरे-धीरे तब्दील होता किसी शराबख़ाने में
रोशनी की ज़रा-सी दरार में से ही दिख जाती पीने की गुंजाइश
फिर समुद्री हवाओं में झूमता शहर पणजी
घरों की गुल बत्तियों से पैदा हलके अँधेरे में
सोता हुआ चैतन्य नींद में
पुल के किनारे जलती बत्तियों की क़तार
गिरकर चमकती खाड़ी के हरे-नीले जल में

उन्नीस सौ इकसठ की याद अभी धूमिल नहीं
घर-घर में एक बुज़ुर्ग
जैसे उत्सर्ग और लम्बी यातना का क़िस्सा
नेहरू की गोआ-नीति को लेकर नाख़ुश लोग
लेकिन शहीदों के लिए भावुक

बस्तियाँ नष्ट होती हैं इतना नव-निर्माण
हर तरफ़ से आती हैं सरिए काटने और फ़र्मों में
कंक्रीट डालने की आवाज़ें
भीतर गाँवों में हरीतिमा से घिरा वही विपन्न जीवन
हिप्पियों और नशेलचियों के लिए एक मुफ़ीद जगह
पर्यटन केन्द्रों में श्रेष्ठता की होड़ ने सस्ती कर दी है शराब

एक पर्यटक की तरह भी देखते हुए कितना कम
लौटते हैं हम
जुड़वाँ पुलों में से एक को पार करते हुए
जहाँ से रोशन जहाज़ की तरह चमकता हुआ
दिखता है विधान-सभा का श्वेत-भवन।

(होरॉक : काजू की शराब का एक स्थानीय प्रकार)

आत्म-संलाप

मैं लगातार जीवित चला आया हूँ महज़ आशा करते हुए
हँसते हुए, गाना गाते हुए
अभिवादन, आइए, बैठिए, दुख, तंगहाली
हम कुछ कर सकते हैं
या हम अब कुछ नहीं कर सकते
अजर स्त्रोत के जल की तरह बहता पैसा
और खाई विशाल
जिसमें गिरते हुए अरबों कीट-पतंगे मनुष्यों जैसे लगते
समुद्र में हर पल बनती लहर लौटकर आती किनारों से ही
फैलता हुआ नमक का झाग तटों पर
जिसकी तलहटी में किरकिराती बारीक़ रेत

मैं कोई घोंघा नहीं न ही सरीसृप
कभी होता या कभी करता हुआ शिकार
विराट पहाड़ों, अनगिन प्रजातियों के वृक्षों और प्राणियों से घिरा
समुद्रों के चिर यौवन की दहाड़ के बीच मैं एक मनुष्य हूँ
और अनुभव करना चाहता हूँ कि मनुष्य हूँ
इड़ा पिंगला सुषुम्ना के त्रिभुज में कसा हुआ
अपनी बहत्तर ग्रंथियों से राग-रागनियाँ गाता

जीवित चला आता हूँ
निढाल जीवन का साक्षी होते हुए

ये हाथीदाँत पर की गई पच्चीकारियाँ
चीते की अद्‌भुत दौड़ से भरी माँसपेशियों के ये आख़िरी टुकड़े
शोकगीतों के बीच हँसते हुए दर्जन भर चेहरे
चुटकुलों पर जीवन यापन करते विदूषक तमाम
प्रार्थनाओं में छिपी वहशी पुकार
और अपनी आत्मा के गले से
निकलने वाली गैंडे जैसी आवाज़
इन अजब-ग़ज़ब चीज़ों के चाबुकों से पिटता हूँ मैं
और चला आता हूँ देखो जीवित हँसता हुआ

गाँव आबाद अब भी मगर उजड़े-से
नगर हुए वैभवशाली दुरवस्था से भरे
जिनमें जीवित कितने कम
एक बना दी गई व्यवस्था को अंगीकार करता हुआ
अपने लोभ के आगे परास्त टुकुर-टुकुर
गुज़रता अछोर गर्द भरे भीड़ से आह्लादित बाज़ार से
मैं रोज़ एक नये तानाशाह का उपनिवेश
नदियों को बाँधनेवाली अजगर भुजाओं की लपेट में
तड़पते अपने सहोदरों की छटपटाहट से
ज़मीन में दबाए गए निजी कालपात्रों की
दुर्गंध से भरे इस क़ब्रगाह में
जीवित चला आता हूँ चुपचाप जैसे कोई मुर्दा

जबकि मेरी प्रतीक्षा में चमक रहे हैं तारे
पतझड़ के बाद वृक्ष हैं मेरी ही ओर ताकते हुए
ज़मीन के भीतर और बाहर
कितना सारा जीवन है मेरे इंतज़ार में

जिनसे छूट चुका है उम्मीद की चिकनी रस्सी का सिरा
वे भी जिए जा रहे हैं मेरी ही प्रतीक्षा में

अनन्त जगहें हैं जो विकल हैं मेरे स्पर्श को
यात्राएँ हैं जो मेरे जाने से ही होंगी सम्भव
काम हैं जो करने से ही होते आए हैं

और देखो!
मैं यहाँ बैठे-बैठे ही बिता रहा हूँ यह जीवन।

ईश्वरीय संगठन

सुबह की प्रार्थना के बाद
जो लाठी चलाने के सत्र में प्रशिक्षित हो रहे हैं
वे एक ईश्वरीय संगठन के हिस्से हैं

वे जो प्राचीर पर खड़े हैं फहराते हुए ध्वजा
पथराव करते हुए जो शर्मसार हैं बहुरंगी इतिहास पर
और गर्व करना चाहते हैं उस जन्म पर
जिस पर उनका कभी बस न था
वे जो एक मरी हुई भाषा की कोख में
अपनी जीवित भाषा के ग़लत हिज्जों के साथ
नए भ्रूण बनना चाहते हैं
वे सब अब एक ईश्वरीय संगठन हैं

वे जिनके पास अपनी-अपनी भाषा के ईश्वर हैं
जिन्होंने बना रखे हैं अपने विशाल इबादतगाह
अपरिग्रह का सन्देश फैलाते हुए
जिनके पास अपार पैसा है, अकूत सम्पत्ति
जिनके तमाम भक्तगण
गुम्बदों के सामने बैठे सुन रहे हैं प्रवचन

और खोज रहे हैं धार्मिक किताबों में से
मनुष्यों को मार दिए जाने की वैधता के आख्यान
वे सब ईश्वरीय संगठन इस समय बिलबिला रहे हैं
एक कवि की छाती में किसी व्रण के कीटाणुओं की तरह

यह कौन-सा ईश्वर है
कैसा है यह त्यौहार और यह जुलूस
जिसकी आवाज़ों में से निकलती हुई
छाती में गड़ रही है हथियार की नोक
जिसको देखकर सहम जाता है एक बच्चा
और एक चिड़िया घबराकर पछीटती है अपने पंख

कि अब हर जाति का एक ईश्वर है
और हर ईश्वर सिर्फ़ एक जातिगत अस्त्र
जिसे जनता के बीच चलाता हुआ रोज़-रोज़
कोई न कोई ईश्वरीय संगठन
ऐसे में जो महज़ एक आदमी बना रहना चाहता है
सोचता है—
आख़िर क्या चाहते हैं ये ईश्वरीय संगठन?
जानना चाहता है एक मनुष्य
क्या हो सकता है
हिंसा के अलावा किसी भी ईश्वरीय संगठन का एजेंडा?

यह कितनी बड़ी असहायता है
कि जिसके शब्दों की ओट में घात लगाए बैठे हैं हिंसक पशु
और जिसके हाथ में सरेआम चमक रही है तलवार
वह नहीं रह गया है सन्दिग्ध

और अब उनके शिकंजे में निस्तेज होते वे तारे हैं
जो अपनी चमक के साथ सबके लिए दमक सकते थे

वे मस्तिष्क भी जिनमें मुमकिन है अभी गुलाबों की ख़ुशबू
वे नाज़ुक हृदय भी जो खेल रहे थे बाग़ीचों में
और वे राहगीर भी
जो इस दुनिया को नहीं देखना चाहते थे
सिर्फ़ धर्मगुरु की मोतियाबिंद भरी आँख से

वे ईश्वरीय संगठन
अब फिरौती में माँग रहे हैं
बचे हुए मनुष्यों का पूरा जीवन।

बचे-खुचे जंगल के साथ

सड़क किनारे की दूरी से
जितना भी वह दिखता था बचा हुआ
भीतर उतना नहीं बचा था
जैसे मैं भी दिखता हूँ जितना बचा हुआ कुछ दूरी से
अन्दर उतना बचा नहीं रह गया था
वह जंगल के खँडहर जैसा कुछ था
जैसे मैं आदमी के खँडहर जैसा कुछ

सागौन, तेंदू और बबूल की स्मृतियों के ठूँठों के बीच
बचे हुए थे दो पीपल के पेड़
जैसे कई मनुज स्मृतियों के बीच
बचे रह गए हों मुहल्ले में एक जाति के दो घर
लेकिन जीवन से ज़्यादा तेज़ी से कुछ नहीं पनपता
वहीं उगते दिखते थे दुबले पतले सागौन और कीकर
इक्का-दुक्का आम के पेड़ थे
और हमेशा की तरह एक विशाल बरगद

बीच में से बहती थी पानी की पतली धार
जो जंगल की भंगिमा को अर्थ और नमी देती थी

लम्बी देसी हरी घास ने
पगडंडियों की आभा के रोमांच को बचाए रखा था
जो अपनी ओस के साथ लिपट जाती थी पाँवों से

पश्चिम में हहराते बाँस के दस-बारह झुंडों ने
जंगल को दिलख़ुश बना दिया था
जिसकी ख़ुशी बंदरों और तोतों से होती हुई
पहुँचती थी हर उस आदमी तक जो वहाँ होता था
जैसे मैं पहुँच गया था वहाँ
अपने भीतर दक्षिण में उगीं बेशरम की झाड़ियों
और किसी कोने में उपस्थित बरगद की छाया के साथ

यह छीजते जाते जंगल में जिजीविषा का ही दृश्य था
कि हवा बाँसों में से गुज़र कर बजा रही थी बाँसुरी
आम के पत्तों से निकलते थे भारी वाद्य के सुर
झूमते हुए पेड़ गिराते थे अपनी टहनियाँ
जिनकी उम्मीद और आवाज़ से
आसपास रहने वाली स्त्रियाँ और बच्चे
दौड़े चले आते थे जंगल को आदिम बनाते हुए

जैसे अपनी उदासी तोड़ते हुए जब-जब
मैं संगीत में झूमता हूँ
प्रकृति चली आती है
अपने झरनों, बीहड़ों और अरण्यों के साथ
विस्तारित करती हुई मुझे नये प्रदेशों में।

पगडंडी

मेरे सामने रोज़ ही आते हैं कई रास्ते
कुछ अपनी निष्कंटक सुन्दरता से गर्वीले
बुलाते अपनी आवाज़ की कशिश से
कुछ इतने ऊबड़-खाबड़
कि उन पर जाने का ख़ुद ही मन होता है
कई और ऐसे ही छायाओं भरे रास्ते
जगाते हैं अकसर ही नयी इच्छाएँ

सभी पर चलता हूँ अपनी मौज में कुछ दूर
और लौट-लौट आता हूँ
अपनी इसी कविता की पगडंडी पर
जो सबसे कठिन सबसे सरल
और सबसे ज़्यादा अप्रत्याशित अपनी चाल में
जो किसी जंगल से
कभी किसी आबादी से निकलकर
एक सोते के किनारे चली जाती है घूमती
किनारे जिसके खेत, नदियाँ, सभ्यताएँ
जो निर्जन सुन्दरताओं से गुज़रती
दमकती पठारों की दुपहरी में

पहुँचती है नयी आबादियों तक
जो चलते रहने से ही बनी है
और एक दिन जब यह पूरी दुनिया
भर जाएगी चमकती सड़कों से
तब भी बची रहेगी जो
एक राह को जोड़ती दूसरी राह से

जिस पर रखा होता पाँव मिलता हमेशा नयी धूल से
जिसकी देह में कई पर्तें और हैं धूल की
जो छोटी-सी है नन्ही
इस विस्तृत दृश्य में धागे की तरह
ज़रा-सी ऊँचाई पर जाने से ही
बंद हो जाता है जिसका दिखना
चाँद से तो वह क़तई नहीं दिख सकती
उसे देखने और उस पर चलने के लिए
होना ही होता है धरती के एकदम क़रीब

वह दूरी भी है
और बनी है दूरी को पार करने के लिए

मैं चलता हूँ बार-बार इसी पगडंडी पर
जो आगे जाकर देखो
प्रवेश कर रही है किसी नये दृश्य में
जो मेरे रहस्यों को
मेरी ललक और मेरे साहस को
हर बार तब्दील कर देती है एक यात्रा में।

पर्यटन

मेरे लिए सम्भव था किसी भी जगह जाना
इसमें कोई आश्चर्य नहीं और न ही चमत्कार
क्योंकि मैं एक कवि
निर्वात और सघन पदार्थों में से गुज़रना
रोज़ का ही मेरा काम
सूर्य की सतह के छह हज़ार डिग्री सेल्सियस के तापक्रम में
और सुदूर परिधि पर चक्कर खा रहे
(अभी एक खोजे जा सकने वाले) ग्रह के
माइनस एक हज़ार डिग्री सेल्सियस के शीत में भी
मेरी इंद्रियाँ और अंग उसी तरह प्रसन्नचित्त
करते हुए अपने काम जैसे भूमध्यसागरीय प्रायद्वीप के
सुखद माने जाने वाले मौसमों में

एक कवि इतना सर्वव्यापी
इतना प्राचीन
जितना गुरुत्वाकर्षण

पृथ्वी के वायुमंडल में सैर करते-करते चल पड़ा मैं
सौर मंडल के हाई-वे पर
पौ फटने में देर थी

और मुझे दिख रहा था शुक्र का चमकीला साइनबोर्ड
चला जा रहा था मैं अपनी मौज में टहलता हुआ
कुछ ही देर में जब पहुँचा शुक्र पर
तो बस थोड़े बड़े दिख रहे सूरज के साथ
होती जा रही थी सुबह

गंधक के अम्ल की सघनता के बीच
वह एक गर्म सुबह थी
अपनी उठान पर था ज्वालामुखियों का रोमांचक दृश्य
एक ज्वालामुखी की कगार पर बैठकर
हँसते हुए मैंने कार्बन मोनोऑक्साइड के बादलों से कहा
अभी जमा है मेरे फेफड़ों के सिलेंडरों में
अनगिन सालों के लायक़ ऑक्सीजन!

देखकर ख़ुशी हुई कि पृथ्वी एकदम पड़ोस में थी
दूर होते हुए पास में ही होने की ख़ुशी
शुक्र के देदीप्यमान रूप से
बनाया मैंने एक मूर्तिशिल्प और फेंक दिया पृथ्वी पर
सौर मंडल का सबसे लम्बा सबसे गर्म दिन बिताकर
शुक्र के चाँदविहीन आकाश से विदा लेते हुए
चैन की ठंडक में सोने के लिए मैंने बुध की राह ली
यहाँ एक तिहाई वज़न घट जाने से कुछ हलका महसूस किया
और थोड़े-बहुत वायुमंडल से चलाया काम
फिर लम्बी रात में ख़ूब सोया मैं
कि आगे के सफ़र के लिए हो सकूँ तैयार
चाँद यहाँ भी नहीं था और रह-रहकर मुझे
याद आया अपनी पृथ्वी का आकाश

पृथ्वी की कक्षा की पगडंडी से ही
मंगल का लाल परचम दीखता था लहराता

चलो, वहाँ कोई न कोई मिलेगा मुझे
सोचते हुए ख़िरामाँ-ख़िरामाँ पहुँचा मंगल ग्रह पर
वहाँ मुझे दो चन्द्रमा मिले जिन्होंने किया स्वागत
मंगल पर क़दम रखते ही मैं चिल्लाया—
लोहा! लोहा! कितना सारा लोहा!
मंगल ने मेरे ख़ून में बसाया लोहा
और वहाँ मैंने पृथ्वी के दिन-रात के बराबर का
लालिमा भरा समय बिताया

'बेकार पड़ा है मेरा पूरा लोहा और अब देखो
इस लोहे में लग रही है ज़ंग'—मंगल ने कहा मुझसे
जैसे दे रहा हो चेतावनी
कि यदि लोहा है तो नहीं लगने देना चाहिए ज़ंग
यह सन्देश एक परा तरंग पर मैंने तुरन्त ही भेजा
धरती पर अपने तमाम साथियों को

फिर चल दिया मैं ताराकार कॉलोनी पार करते हुए बृहस्पति की तरफ़
अनन्त और नित दीपावली का दृश्य वह
जहाँ से गुरु की असीम गुरुत्वाकर्षण भरी
हज़ार आतुर बाँहों ने उठाया मुझे
कहा कि आओ सबसे पहले घूमो मेरे वलय में
जो मेरा सबसे ज़्यादा दर्शनीय स्थल
बीच में बर्फ़ का विशाल स्केटिंग का मैदान वर्तुलाकार
इतने विशाल ग्रह को देखकर हुआ विस्मित
मैं एक पर्यटक घूमता बेतहाशा
थककर सोया एक पूरा दिन और पूरी रात
एक थके हुए आदमी को
आठ-नौ घंटे की ठंड भरी नींद बहुत ज़्यादा तो नहीं!
सोने से पहले उतने तारे दिखे
जितने जीवन में नहीं देखे थे कभी

और सोलह चन्द्रमाओं को देखकर लगा कुछ अजीब
(अब किसको कहूँ अच्छा
और किस-किस से दूँ किसकी उपमा!)
वहीं कुछ वे तारे भी थे जो कभी भ्रूण थे मेरी इच्छाओं के
अब उनकी चमक पूरे महीनों के जन्मे शिशुओं की तरह थी
उनके क़रीब ही उल्काएँ थीं दमकती हुईं
उनके टूटकर लुप्त होने के बाद का अँधेरा था
टूटने और बनने की वेदना की ऊर्जा के आलोक से
जो फिर-फिर प्रकाशित होता था
ठीक वहीं दृष्टि के गवाक्ष से दिखता था अन्तरिक्ष का कोना
विराट और असमाप्य
विलक्षण स्पेस का एक छोटा-सा उदाहरण
सब कुछ से भरा हुआ महाशून्य
जिसमें सबसे पहले समाकर ओझल होता है समय
'ब्लैक होल' में संगठित होता हुआ एक विशाल घनत्व
—घनसत्व!!

शनि तक पहुँचते हुए लगा कि अब
चला आया हूँ वाक़ई कुछ ज़्यादा ही दूर
नीले-हरे ग्रह के भीतर भी गया मैं
उसके अनेक वलयों से खेलने में मज़ा आया बहुत
वहीं होती रही नीली बरसात
उसने मेरे बचपन को एक बार फिर भर दिया बारिश से
वहाँ शीत का एक काल बिताया मैंने
और दोपहरी के अनगिन पहर भी

वापस लौटना था इसलिए आगे की सैर करते हुए स्थगित
(आह, नेप्च्यून का वह तेज़ नीला बुलाता हुआ रंग!)
झूलते हुए अपनी पंचबाहु नीहारिका की सबसे सुन्दर बाँह में
लौटते हुए मुझे दिखीं अपनी अनेक रिश्तेदारियों की नीहारिकाएँ

क्या ये सब मौसियाँ हैं मेरी
और 'बिग बैंग' क्या मेरा नाना हुआ?
वंशावली के बारे में कुछ भी निश्चित कहना ठीक नहीं
कितने गंधर्व विवाह हुए होंगे और कितने स्वयंवर
और यह सूर्य ही
मेरे सबसे निकट एक तारा—क्या कम विराट है
चला ही तो रखा है सबको इस रूपवान तेजवान रसिया ने
चक्कर लगाता है हर कोई बँधा हुआ आकर्षण में
चल रहा है रास
महारास!!
जैसे यह पूरा सौर मंडल एक रास मंडल!

एक तारा भी नहीं रहना चाहता अकेला
समूह में रहना सीखा है हमने तारों से—
सोच में लगाता हुआ अपनी छलाँगें
गुज़रता हुआ अदृष्ट प्रकाश रेखाओं के रास्तों में से
सुनता हुआ अश्रव्य ध्वनियाँ
बचता हुआ उल्काओं से
जब लौटा मैं अपने घर
बेटा साइकिल निकाल रहा था स्कूल जाने के लिए
और नल पर चल रहा था वही सनातन झगड़ा
पत्नी मशग़ूल थी चाय बनाने में

अख़बार पढ़ते हुए
अवस्थित होते हुए अपने छोटे-से काल में
मैं सुड़कने लगा चाय।